ゼロから学べる
小学校算数科授業づくり

久保田 健祐 編著

明治図書

はじめに

「算数は,好きですか。」
みなさんの心の声はいかがでしょう。
「算数を教えるのが苦手です。でも嫌いじゃないんです。」
きっと,このような先生がいらっしゃるのではないでしょうか。
これは,私が新任の先生とした会話の一部です。
みなさんは,授業でたくさんの子どもたちを前にして,日々試行錯誤をされていることでしょう。
十数年前,私も新任教師でした。4年生の担任となり,不安を感じながら算数の1時間目に「概数」を教えたことを今でも覚えています。教科書に沿って丁寧に授業を進めました。黒板には,慣れないチョークを使って教科書の文字を丁寧に写しました。
「進め方は完璧だ！」
そう思ったのもつかの間。期待のまなざしで黒板を見つめていた子どもたちの気持ちがぐっと下がっていくのを肌で感じました。
「あれっ,何がよくないのだろう。」
そのときは,わかりませんでした。必死でしたから。
でも,今ならわかります。そのときの子どもたちの気持ちが。
きっと,
「この先生の授業は面白くない。」
と感じたのでしょう。
楽しいはずの算数が,教えられるだけの面白くない算数にな

っていたのだと，今になって反省しています。

　でも，今は違います。算数の考える楽しさを知りました。そして，算数を教える楽しさを知りました。

　授業には，
大切なポイント
があるのです。

　授業開きから，授業の展開，発問の仕方，ノート指導まで。大切なポイントを意識すると授業観が大きく変わります。

　本書では，算数好きの先生が，算数好きになりたいと考える先生へ，たくさんのポイントを丁寧に提案します。

　第1章では，「**さあ，算数の授業づくりを始めよう**」をテーマに，はじめの第一歩をわかりやすく紹介します。

　第2章では，「**教師と子どもの算数力を高めるポイント**」をテーマに，授業づくりで大切なポイントを提案します。

　第3章では，「**算数授業のワンポイントアドバイス**」をテーマに，様々な実践から，算数の楽しさを提案します。

　第4章では，「**算数授業の多様な学習方法**」をテーマに，学習方法の様々なテクニックを提案します。

　本書は，難しい理論を述べるものではありません。たくさんの実践や提案から，算数の魅力を多くの先生方に感じてほしいと願い執筆しました。

　特に，算数の授業で不安を感じ，悩んでいる先生にぜひ読んでいただきたいと思います。困ったときは，いつもそばに寄り添う，そんな本であってほしいと願っています。

　　　　　　　　　　　　　　　執筆者代表　　久保田　健祐

目　次

はじめに 3

第1章
さあ，算数の授業づくりを始めよう

算数の授業で大切にしたい３つのこと 12

【授業開き】
授業開きでは笑顔とやる気と期待感を 16
学びを共有する授業開きのアイデア　低学年 18
子どもにメッセージを伝える授業開きのアイデア　中学年 22
算数的活動を取り入れた授業開きのアイデア　高学年 26

【授業展開】
低学年の授業展開に大切な３つのポイント 30
中学年の授業展開に大切な３つのポイント 34
高学年の授業展開に大切な３つのポイント 38

【単元計画】
低学年の単元計画で大切にしたいこと 42
中学年の単元計画で大切にしたいこと 46
高学年の単元計画で大切にしたいこと 50
発達段階と系統性を考える 54

第2章
教師と子どもの算数力を高めるポイント

【教材研究・授業づくり】
教材研究は子ども目線で行う 60
教科書を活用した授業づくり3ステップ 62
指導書の効果的な使い方 64

【発問づくり】
教科書から学ぶ発問づくり　低学年 66
WHY や HOW を意識した発問づくり　中学年 70
積極性を生む発問づくり　高学年 74

【ノート・ワークシート】
ノート形式が安心を生む 78
ノートは3つの役割でできている 80
ノートをレベルアップする3つの「目」 82
正しい視写と表現力を高めるノート指導　低学年 84
マス目を意識したノート指導　中学年 86
自分の考えを丁寧に表現させるノート指導　高学年 88
思考をサポートするワークシートづくり 90

【板書】
板書は学びの過程を可視化する 92
チョークの使い分けで板書が変わる 94

目　次

【教材・教具】
算数道具の便利さを感じさせよう　96
具体物を通して数の変化を感じさせる　98

【評価】
テストの意味とつくり方　100
子どもの意欲を高める評価のタイミング　102

【家庭学習】
算数の宿題は子どもに応じつつ着実に　104

第3章
算数授業のワンポイントアドバイス

図形の指導では算数的活動を取り入れる　110
量の指導は長さの測定からスタートする　112
数量関係では「関数の考え」を育てる　114
単位の指導は必要性を感じさせる場を仕組む　116
グラフ指導はよさを味わわせることから　1～3年生　118
グラフの読み取りは変化や特徴をとらえさせる　4～6年生　120
筆算の指導は意味理解を大切に　122
ドリル学習は価値づけを意識する　124
話し合い活動の目的と5つの指導ポイント　126
考えたことが「かける」ようになるためのステップ　128
「算数的活動」を通して主体的・思考活動のある学びをつくる　130
「算数的活動」で量感を豊かに育む　132
かく活動が思考力を育む　134

表現力をアップさせて算数好きを育む 136
教具を用いる低学年の言語活動 138
図と表を用いる中学年の言語活動 140
考えメモを用いる高学年の言語活動 142
まとめ・振り返りの時間には学んだことを整理する 144
子どもの表現に自信をもたせる４つの指導 146
算数が苦手な子への個別支援の方法 148
保護者に信頼される授業参観 150

第4章
算数授業の多様な学習方法

算数をアクティブに学ぶ 156
目的意識をもった算数クイズ＆ゲーム 158
ペア・グループ学習は個人の学びへつなげる 160
子どもの力を伸ばすテストの丸つけ＆答え合わせ 162
話し合いが生きる ミニホワイトボード 164
教具を使ったハンズオン・マス 166
効果的なICT機器・タブレット端末の活用方法 168

おわりに 170
参考文献 172

第1章

さあ，算数の授業づくりを始めよう

　さあ，子どもたちがわくわくするような授業づくりを始めていきましょう。

　第1章は，
・授業開き
・授業の展開
・単元計画

の大きく3つの視点から書かれています。

　若い先生が，明日から算数の授業を始めるという想定で，どのように授業づくりをしていけばよいかをまず考えました。そして，毎日の授業づくりに追われることなく，計画を立て，子どもたちと楽しく算数ができることを目指して執筆しました。

　また，

「算数の授業はどのようにつくっていけばよいですか。」
「どのような授業の見通しをもてばよいですか。」
「算数の授業開きで何をすればよいですか。」
　こういった悩みを春先によく聞きます。そこで，そんな若い先生の疑問や悩みをイメージしながら書いたのが第1章です。
　ぜひ，子どもたちに
「算数が大好き」
「明日も算数がある。うれしい」
と思ってもらえるような授業づくりを共に進めていきましょう。

算数の授業で大切にしたい3つのこと

「算数は楽しい！」「算数は大好き！」

子どもたちから，そう言ってもらえるような授業をしたいものです。

しかし，教科書や指導書とにらめっこしているだけでは，不安が募り，顔が険しくなっていく一方です。

みなさんは，算数の授業で何を大切にしていますか。

私は，授業づくりで大切にしている3つのことがあります。それは，

 ①子どもと一緒につくっていくこと
 ②算数的活動を取り入れること
 ③考えることを楽しいと感じさせること

です。

 子どもと一緒につくっていく授業 では，「関わり」を意識しましょう。

授業を構成する「関わり」には，三つの要素があります。

教師，子ども，教材（算数）です。

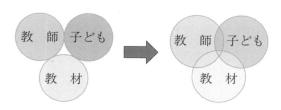

教師と子どもの関わり，教師と教材の関わり，子どもと教材の関わり，すべてが重要です。その関わりがただ接しているだけでなく，より深く関わっていくことが大切です。

　子どもが教材にのめり込む瞬間は，

　目と手と背中

に表れます。

　楽しいと思える教材であればあるほど，子どもの目は輝き，手は自ずと動き，背中はぴんと伸びるでしょう。

　教師が教材に関わるときは，

　子ども目線

で考えましょう。

　こうすればきっと考えることが楽しいだろう，きっと悩むだろう，と自分自身が子どもになって考えるのです。

　教師が子どもと関わるときは，

　みんなで一緒に考える

とよいでしょう。

教師がすべて知り，すべてを受け答える必要はありません。そんなときは，「みんなどう思う？」と投げかけましょう。授業は，みんなと一緒につくっていくことが大切です。

　算数的活動を取り入れた授業では，**教材や教具を用いて，作業的・体験的に行う活動や課題に対して，考えたり表現したりする活動**を取り入れましょう。

　例えば，1年生の教具には，数図ブロックや数図カードなどがあります。

　しかし，それらの教具を意図なく使わせていては，教室がに

ぎやかになるだけです。大切なのは，課題の提示を工夫し，明確にすることです。

課題の提示は，**クイズやゲーム**を取り入れると，より関心が高くなるでしょう。

課題を明確にするには，「どちらが長い？」「どちらが広い？」「どちらが大きい？」など，二者択一の課題がよいでしょう。そして，予想させた後，**「なぜそう考えたの？」**と投げかけます。この言葉が，**深く考えるきっかけの言葉**となります。

子どもたちは，算数的活動から得られた経験を根拠として，**その理由を考え**ます。この，

 算数的活動での経験＝根拠

としてつなげることが大切です。

 考えることが楽しいと感じる授業

では，教材の工夫が大切です。

「計算するのが面倒！　考えるのが嫌！」
と言っていた子どもたちでも，
「計算してみたい！　やってみたい！」
へと変身するのです。

そのヒントは，

 教材の中（数字）

にあります。

例えば，3年生の「2けた×2けた」の計算では，今まで，2けた×2けたの筆算をたくさんやってきたでしょうから，計算問題を解くことになれていることでしょう。

でも，次のような問題を出すとどうでしょう。

「難しい問題だぞ！　37×12はできるかな？」

嫌々計算をしていた子の目が，答えが出た瞬間変わります。

「444だ！」

「たまたまだよ。次は37×15だぞ！　できるかな？」

と投げかけると，次は何の数字が並ぶのかと期待しながら計算を始めるでしょう。

「今度は，555になった！」

「もっと計算したい！　ほかにはないの？」

と言う声が生まれるでしょう。

数字の設定や課題提示の工夫

で子どもたちの「やりたい！」は生まれます。

37× 3 ＝111
37× 6 ＝222
37× 9 ＝333
37×12 ＝444
37×15 ＝555
37×18 ＝666
37×21 ＝777

「考えると楽しい！」授業は，先生自身も楽しいと思える課題を考えることです。

楽しさのヒントは数字が握っています。

「明日は，かけ算を教えなきゃ。」

と身構えるのではなく，

「どうすれば面白くなるだろう。」

と先生自身がまずは楽しむことです。

（久保田）

授業開き

授業開きでは笑顔とやる気と期待感を

　1年に1度きりの授業開きです。
　「楽しかった！　次の算数が楽しみだ！」
と，子どもたちの笑顔があふれ，やる気をもち，期待感を感じる1時間にしたいものです。
　だからこそ，算数の授業開きでは，

問題を解く面白さ

を味わわせましょう。

　わからなかったことがわかった瞬間は，誰しも笑顔になるものです。

　例えば，下のような三角形の角に数字が並んでいるものを3つ提示します。

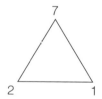 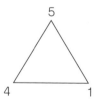

　3つの数字のパターンから，きまりを発見し，?に当てはまる数字を考えるというものです。

　最初は，何だろうともやもやするでしょう。しかし，3つの角の数字をたす考えがひらめくと，「あっ！」という声と共に，笑顔が生まれるはずです。

　授業開きで大切なのは，

第1章　さあ，算数の授業づくりを始めよう

進めるリズムと価値づけと教材の工夫
です。

　授業開きでは，**リズムよく授業を進めること**を心がけることを忘れてはなりません。また，**問題は比較的短時間で全員がわかるもの**を用意するとよいでしょう。

　そして，必ず2問用意し，2問目は，少し手ごたえのある問題を用意しましょう。

　さらに，**みんなで一緒に考える時間**をたっぷりと設定しましょう。

　子ども同士の言葉かけやつぶやきは敏感に受け取り，共有することも必要です。これらのつぶやきは，教師がその都度
価値づける
ことが大切です。

　「○○さんの考え方はいいね。」

　「○○さんは人とは違った方法を見つけたね。」

　子どもたちの「言いたい！」は，先生からの「いいね！」から生まれるのです。

　そして，教材は，**折り紙やパターンブロック，数字カードなどの教具**を使うことをおすすめします。

　算数的活動を通して考えることで，解く面白さを味わうことができます。

　　　　　　　　　　　　　　　　　　　　　　　　　　（久保田）

学びを共有する授業開きの
アイデア　　　　　　　　低学年

　低学年の授業開きで何よりも大事なことは、
算数を学ぶ楽しさ
を子どもたちに感じさせることです。
　そのために、意識したいことは次の3つです。
①**学習課題に気づく仕掛けをつくること**
②**大事な場面で、「なぜ」と問いかけることで説明を求め、理由を考えさせること**
③**よい気づきや考え方を価値づけ、ほめ、共有させること**

　場面の想定については、
子どもたちのズレが生まれる場面
を探すつもりで教科書を読み進めると、たくさん見つかります。
　例えば、教科書の冒頭には、動物や植物などの絵が見開きページで載っています。おはじきなど半具体物をそれぞれの絵の上に置き、1対1対応できるようにつくられています。
　それを用いた「1から5までの数」を数えていく、**集合の概念を培う授業開き**を紹介します。
　小鳥の絵の上に、1対1対応でおはじきを置かせた後、

第1章　さあ，算数の授業づくりを始めよう

「おはじきを合わせて何個置きましたか。数えましょう。」
と発問します。
　子どもたちは意気揚々と
「5羽です！」
と答えるでしょう。
　教師は，
「小鳥の数え方（羽という単位）を知っているとは素晴らしい！」
とほめます。
　次に，チョウの絵の上におはじきを1つずつ置き，数えさせる発問をします。子どもたちは
「さっきと同じ5匹です！」
と答えるでしょう。
　そこで教師は，
「さっきは5羽で，今度は5匹。同じではないですね。」
と返します。これには，
「先生，数え方（単位）は違うけれど，数（5）は同じです。」
という発言を引き出させたい意図があります。絵の中から"数"という抽象的な概念を引き出します。
　さらに，
「次はさらに難しい問題です。先生がおはじきを置きます。
1，2，3，4，5……。合わせて5！」

19

と続けて，教師がおはじきを置く様子を黒板上で見せます。

　葉っぱの2枚とカエルの3匹を数えて，「合わせて5」と教師は数えます。

「先生，それは違います！」
と子どもたちは騒然となるでしょう。

「本当に違いますか？　もう一度数え直してみますね。」
などと言いながら，とぼけて数え直します。

「だから先生，そうじゃなくて……。匹で数えるのはカエル"3匹"だけ。最初の葉っぱは"2枚"です。」
という子どもの発言に，すかさず教師は，

「さっきはみなさんが，小鳥5羽とチョウ5匹は"同じ5"だと言っていたのに。なぜ，葉っぱ2とカエル3で，5匹はダメなのですか。」
と問い直します。

「先生，だって……」と子どもたちは必死で反論を試みるでしょう。最初の段階では，教室の中に，**なぜ先生が5と数えたらいけないのか**がわかっていなかった子もいたはずです。

　しかし，**先生が間違っている**という楽しい状況と，やり取りをする中で，

異なる対象を合併して数えることはできない（葉っぱとカエルを一緒に数えて5匹とは言えない）

という学びをクラスで共有させることができます。

これは，子どもたちの生活経験から，十分に引き出すことができる気づきです。

それを価値づけることで共有の学びとなります。

後の「加法の式表現」の学習では，"葉っぱ2枚とカエル3匹"を，「2＋3＝5」と表現してしまう子どもが現れます。

しかし，授業開きで楽しくこのようなやり取りをしておくことで，「2＋3＝5」と誤った式表現をしてしまう子どもを格段に減らすことができるのです。

大事なこと（学習内容）は，

子どもたちに気づかせ，表現させる

という教師の授業観を，授業開きで子どもたちに経験させておくことです。

その授業は，決して先行知識をもつ子どもが活躍をする授業ではありません。「2＋3＝5」という式表現をどこかですでに覚えた子どもが活躍し，ほめられるだけの授業ではいけないからです。

子どもたちがしっかりと学習材や学習課題に向き合い，気づきや考えを素直に表現できる授業を目指したいものです。算数の先行知識のあるなしや，得意不得意に関わらず，
「クラスみんなで学び合うことで，わからないことがわかるようになった。みんなと学び合う算数授業は楽しい！」
という経験をさせ続ける第一歩として授業開きを行うことで，今後の授業に期待をもたせることができます。　　　　　　　（木下）

子どもにメッセージを伝える
授業開きのアイデア　　中学年

　中学年の授業開きには,
「計算じゃんけん」
をおすすめします。
　計算じゃんけんには,「たし算じゃんけん」「ひき算じゃんけん」「かけ算じゃんけん」の3種類があります。

【計算じゃんけんの基本的なルール】
①かけ声
　「たし算（or ひき算 or かけ算）じゃんけん,じゃんけん,ポン！」
②片手（指）を出し合う
　（グーは0,指が1本なら1,チョキは2,指が3本なら3,指が4本なら4,パーは5を表します）
③お互いに出し合った指の本数を計算して,その答えを速く言った方が勝ち。

　例えば,たし算じゃんけんを2人の子どもで行うとします。
　「たし算じゃんけん,じゃんけん,ポン」
と言います。
　　Aくんは2本（チョキ）,Bさんは4本であれば,
「6！」
と先に言った方が勝ちとなります。

第1章　さあ，算数の授業づくりを始めよう

　ひき算じゃんけんは，**大きい数から小さい数をひく**というルールです。
　ルールを説明したら，最初の数回は
　自分の両手を使ってじゃんけんを練習する
とよいでしょう。（わからないことがあればここで質問の時間をとります。）
　最初は，たし算じゃんけんで盛り上がりましょう。
　その後，子どもたちの様子を見ながら「ひき算じゃんけん」「かけ算じゃんけん」を行うとよいでしょう。
　しかし，活動をして楽しかっただけで授業が終わっては，**活動あって学びなし**です。
　この計算じゃんけんの活動を通して，
「算数って楽しいよ。」
「これまでに学習してきた計算をこれからも使うよ。」
「計算が速くできるっていいね。」
という先生の思いを伝えましょう。
　これらは，授業開きでこそ伝えたい
　短期的なメッセージ
です。
　紹介した計算じゃんけんは，
　活動を通して短期的なメッセージを伝えることができる
ので大変おすすめです。
　ただし，**おさえておきたい大切なポイント**がいくつかあります。
　計算が苦手な子どもは，何度やってもなかなかじゃんけんに勝てないことが予想できます。じゃんけんに勝てないと，算数

が嫌いになってしまうことも考えられます。

 そのような子どもには,こっそり必勝法を教えましょう。

 計算じゃんけんの必勝法とは,

 自分が1を出す

―ただそれだけです。

 たし算であれば,**相手が出した数に1たすだけです**。

 ひき算であれば,**相手が出した数から1ひくだけです**。

 かけ算であれば,**相手が出した数を言う**だけです。

 これで計算が苦手な子も勝負に勝てるようになります。単純な計算ではありますが,計算をしていることには変わりません。

 一方で,最初は勝つことに喜ぶでしょうが,徐々に楽しさが薄れていきます。やはり,

 自分で考え,勝つことの楽しさを味わう

のでなければ,本当の楽しさとは言えないからです。

 そこで,授業開きの最後に

「計算じゃんけんを,4月中授業の最初の5分で行います。」

と伝えます。

 すると,計算が苦手な子たちは本当の楽しさを求め,これからの算数授業の中で

 計算の技能を高めようと努力する

ことでしょう。

 計算じゃんけんは,**両手を使うことで難易度が高くなります**。

 5の場合は片方がグーで片方がパー,6の場合は片方がパーで片方が指1本,10の場合は両手がパーというようになるので,「かけ算じゃんけん」の場面は $0 \times 0 \sim 10 \times 10$ まで拡張します。

 中学年だけでなく,2年生のかけ算の発展などの場面でも効

果的に用いることができます。

　授業開きが終わり，2時間目以降には，
・ノートの書き方
・発表の仕方
・授業の進め方
・算数の楽しさ
・算数の学び方
などを

1年間かけて，継続して伝えていく

ことになります。これらを伝えていくことはとても時間がかかります。算数の学び方だけを見ても，

「これまでに学んできたことを使うよ。」
「自分の考えと友達の考えを比較するよ。」
「みんなで考え方を共有するよ。」

などたくさんあります。

　これらは，ゆっくりと丁寧に伝えていきたい

長期的なメッセージ

と言えます。

（樋口）

算数的活動を取り入れた
授業開きのアイデア　高学年

　高学年の授業開きの1時間には，**算数的活動を取り入れること**をおすすめします。

1　パターンブロックで広さ比べ

　パターンブロックは，三角形や四角形，台形や平行四辺形といった様々な形のブロックです。

　5年生の授業開きに，面積の求め方（4年生で既習）をパターンブロックで広さ比べをして求める授業を提案します。

---
①様々な形のブロックが入った箱を用意します（袋でもよい）。もちろん中身は見えません。
②2人ペアでじゃんけんをします。
③勝った方が，パターンブロックを片手で1回つかみます。
④負けた方は，親指と人差し指と中指だけでブロックを1回つまみます。
⑤互いの机の上で広げ，きれいに敷き詰めます。
⑥②から⑤を3回繰り返します。

　ここから，広さ比べが始まります。
　「どちらが広いでしょうか？」と教師が投げかけます。

第1章 さあ，算数の授業づくりを始めよう

「僕だよ！」「私だよ！」
と，ペアでその差にこだわるでしょう。この，
数にこだわる
ことが算数では大切です。
　「なぜ勝ちと言えるの？」と教師から問いかけます。
　「だって，ブロックの数が多いからだよ。」
　「ブロックの大きさが違うから数では広さがわからない。」
と声があがるでしょう。
　「それでは，どうやって比べるの？」と問いかけ，
　「一番小さい形の三角形がいくつ分かで考えたらどう？」
　「僕は，一番大きい六角形がいくつ分かで考えたい！」
など，子どもから出た最小単位である三角形や最大単位である六角形をもとにして，
いくつ分になるか
という考えを導きます。このような任意単位を用いて説明した子をたくさんほめましょう。
　ここで，留意することは
ペアの2人が，同じ大きさの基準で比較する
ということです。
　「僕は，三角形27個分になったよ。」
　「私は，三角形32個分！　5個多い私の勝ち！」
などのように，
ゲーム性のある活動を通して，比べたり解いたりすること
の楽しさを自然と味わえます。だからゲーム性のある算数的活動は算数の授業開きにはぴったりなのです。
　また，友達と自然と打ち解けながら，算数に大切な**数へのこ**

だわりも生まれます。

❷ みんな1になるマジック！
文字式で表す計算の授業開きです。

> ①子どもを3人，前に出します。
> ②問題を伝えます。
> 　「頭の中で好きな数字（1けた）を思い浮かべましょう。」
> 　「その数に5をたします。」
> 　「そして，2倍します。」
> 　「そして，8をひきます。」
> 　「そして，2でわります。」
> 　「最後に，最初に頭に浮かべた数をひきます。」
> ③答えを確認します。

「きちんと計算できた？　これでみんなの答えがそろっていたら，この3人の絆はばっちりだね！　いくよ，せーの！」
「1！　えー，なんで？」

全員が1であることにおどろくことでしょう。間髪いれずに，違うメンバーで，①から③を行います。

すると，子どもたちは「絶対秘密がある！」と言うでしょう。
ここからが，算数の楽しさを味わう時間です。

> ④問題文を一斉に書かせます。
> ⑤それぞれが思い描いた数字をもとに計算をさせます。
> ⑥答えが1になることを全員で確認します。
> ⑦みんなが選んだ数字とその計算の過程を表に整理します。

第1章　さあ，算数の授業づくりを始めよう

「私は，0を選びました。0に5をたして5です。」
「次に，2倍して10です。」
「次に，8をひいて2です。」
「次に，2でわると1です。」
「最後に，1から最初に選んだ0をひいて，1になります！」
　3～4人程度発表させ，表を埋めていきます。「さて，なんでみんな最後には1になるのかな？」と投げかけると，

表を見てその秘密を考えようとする

でしょう。
　マジックの秘密を見つけるヒントは，

ある数を□で表すこと

です。
「最後に，最初の数をひくでしょ。そこに秘密がありそう！」
「例えば，ある数を□で表すとね，最後が□＋1－□になるよ！」
「どんな数を当てはめても，最後は1になるわけだ！」
　マジックのような教材は大変興味を引き付けます。表に整理し，マジックの秘密をみんなで解くことで，一体感や達成感を味わうことができるでしょう。
　　　　　　　　　　　　　　　　　　　　　　　　（久保田）

授業展開

低学年の授業展開に大切な3つのポイント

　45分の算数授業をつくるときに，低学年の特性に関わって，次の3つを意識することが大事です。
　それは，
 ①場面のイメージをもたせること
 ②「問い」を生むことで，算数への好奇心を持続させること
 ③子どもたち同士の関わり合いを生むこと
です。

　子どもたちに，**場面のイメージをもたせること**ができる効果的な方法は次の2つです。
　1つ目は，
 お話（問題場面）の絵を描かせる
方法です。
　1年生の学習に「あわせていくつ（合併）」と「ふえるといくつ（増加）」があります。
　教科書で見比べると，同じ「3＋2」の式であっても，
 合併と増加では，絵の描き方が異なる
ことに気がつきます。
　このことを逆に言えば，
 文章問題の「立式」や「答え」で正答を得ても，実は正しい場面のイメージをもてていない可能性がある
ということです。

子どもが「正確な場面の読み取り」ができているかどうかは,
絵に描かせること
で評価できるのです。

もし,「あれ？ どう描けばいいのだろう。」
と,"わかっていたつもり"になっていた子どもがいたならば,
問題文を読み返させる
ようにしましょう。

さらっと問題文を読んでいた1回目とは違い,情報を取る必要感が生まれた2回目は深く読み込むことになります。

2つ目は,
半具体物（おはじきやブロック）などの操作活動
です。

「2＋3＝5」や「10－3＝7」など,様々な場面を,半具体物による操作活動で表現させます。

操作活動は,低学年で必ず取り入れるべきです。あるとき,「2＋3」を学ぶ1年生の子どもに,
「本当に答えは5ですか？ ブロックを動かして確かめよう。」
と投げかけました。

ブロックを動かして確かめた子どもは,きっと,「ほらね,先生。やっぱり5でしょ。」などの反応を示すと予想していました。

ところが実際には,操作をした子は,「やったー！」と喜んだのです。

これは,
頭の計算イメージと,作業的な操作活動が結びつき,そこで実感的な理解が得られたから

だと考えます。

　低学年の操作活動の経験こそが，高学年算数の抽象度の高い学習の礎になるため，欠かすことはできません。

　「問い」と「好奇心の持続」については，例えば，「みかんが２つあります」という場面に合わせて，本物のみかん（具体物）を準備する場面で考えてみましょう。

　みかんは学習に興味をもたせるための手段なのですが，「おいしそう！」「先生，食べさせて！」など，困った盛り上がりをしてしまい学習が進まない危険もはらみます。

　具体物を持ち込むことを効果的にするためには

　"子どもたちの問い"をどこでどのように生み出させるか

という**想定**が不可欠です。

　例えば，次のように具体的に想定しておきます。

・**「みかんが２つあります。」に続けて，「お母さんにいくつかみかんをもらったら，合わせて５つになりました。」と続けよう。**
・**「２＋５＝７」という誤答がきっと生まれるだろう。**
・**正しい式表現は，５－２＝３。しかし「"合わせて"という言葉があるのに，なぜひき算になるの」と疑問をもつ子がいるだろう。**
・**これを本時で追究させる「問い」にしよう。**

などです。

　みかんという具体物の力を借りて好奇心をもたせるのは授業の導入だけです。本質は「問い」であり，それによって算数を学ぶ好奇心を持続させるのです。

第1章 さあ，算数の授業づくりを始めよう

学びの共有と子どもたち同士の関わり合いは，低学年には特に大切です。

低学年の子どもたちは特に，担任教師に1対1のコミュニケーションを求めがちです。学校は，友達と関わり合うからこそ学びが高まる場所です。みんなで関わり合うからこそ，算数授業が楽しいのです。

そういった低学年の学習経験は，教師が意識して取り入れるべきだと言えるでしょう。

例えば，2年生の「九九表」を学ぶ場面です。授業中のある子の，

「九九表が，鏡のようになっているよ。」
という発言を取り上げます。

「鏡のようになっているというのは，どういう意味だろうね。」と教師がクラス全体に投げかけると，
「本当だ！　見えた！」
「九九表の左下と右上が，鏡のような関係になっている！」
「左下の21は7×3。右上の21は3×7だね。」
「21だけじゃない。ほかにもあるよ！　24はもっと面白いよ……。」

「鏡みたい」という子どもの素朴な言葉から，式表現を根拠に交換法則を説明するという価値ある学びへと高め合うことができます。

一人で学ぶよりも友達と共に学ぶ方が，わからないことがわかってくる。だから算数授業は楽しい。

この実感と経験を低学年で体験させることが重要だと考えています。

(木下)

中学年の授業展開に大切な3つのポイント

中学年の授業展開では,
①問題場面をイメージすること
②これまでの学習を使って考え問題を解くこと
③自分の考えと友達の考えを比較させること
の3つを意識することが大切です。

算数科の授業展開は,
①問題に出会う
②問題の見通しをもつ
③自力解決
④集団解決
⑤適用問題
⑥まとめ
という流れで行うことが多いです。これは考える力を育てることができると言われている展開です。

中学年では,分数や小数などが問題の設定で出てきます。これまでは
「2mのリボンが4本あります。」
というイメージしやすい問題だったものが,
「1.2mのリボンが4本あります。」
「2/3mのリボンが4本あります。」
というすぐにはイメージしにくい問題に変わります。

第1章　さあ，算数の授業づくりを始めよう

　分数や小数の登場により問題がイメージしにくくなるということです。
　だからこそ，
最初に問題場面をイメージすること
が大切です。
　イメージをもたせるために使うのが
絵や図
です。子どもたちは，
・**テープ図**
・**線分図**
・**アレイ図**
などをこれまでに学習してきています。
　図が難しい子は絵でも構いませんが，絵や図などを描けないという子もいることでしょう。そのようなときは，
「お散歩タイム」で友達と考えを交流
しましょう。絵や図を描くことが難しい子は，友達の考えを知るために，立ち歩いてよい時間をつくるのです。友達の考えを真似して，自分で絵や図を描くことができるようになれば，
友達の考えを自分の考えとして再現，もしくは再構築
できるようになります。
　問題を絵や図でイメージすることができるようになれば，いよいよ立式です。
　式を書くことができたら，答えを出すために計算の仕方を考えます。
　ここでも考えを書けない子どもがいるかもしれません。書けない理由の一つとして，

どのように考えていいのかわからない

ことが考えられます。

そこで考えるためのヒントになるのが

これまでに学習してきたこと

です。

例えば，$\boxed{0.2 \times 3}$ の計算では，

0.2＋0.2＋0.2

と考えることができます。

これは2年生で学習した

2×3は2＋2＋2＝6

という考えと同じです。

これまでに学習した式のきまりでも解けます。

```
0.2 × 3 = 0.6
 ↓ ×10   ↑ ÷10
 2  × 3 = 6
```

基準量の考えでも解けます。

```
0.2は0.1が2こ
これが×3だから　2×3＝6
0.1が6個だから0.6
```

これまでの学習を思い出すために，

・ノートを見返すこと

・これまでの学年で学んだ方法を出し合うこと

を全体の場で行うとよいでしょう。

第1章　さあ，算数の授業づくりを始めよう

　考え方を書けない子どもには，
教科書を見る
こともよいでしょう。
　教科書は，**考えるための手段**として有効に使いましょう。
　また，友達の考えでいいなと思ったところを
自分の言葉でノートに書かせたり発表させたり
することも効果的です。
　様々な考えを共有したら，
速く，簡単で，正確にできる方法はどれか
自分の考えた方法と比較させてどうだったのか
を交流しましょう。
　中学年の授業では，3つのことを意識させ
新たな価値
を見出せるような子どもたちを育てていきましょう。

(樋口)

高学年の授業展開に大切な3つのポイント

　高学年の授業展開に大切なことは,
①問題の内容をイメージすること
②考え方の過程を書き留めること
③考え方の過程を共有すること
の3つです。
導入,展開,まとめなど,様々な場面で3つのことを意識することがポイントです。

　まずは,
問題の内容をイメージ
させましょう。
　文章問題でも,図形の問題でも,授業の最初は問題の内容をつかみ,見通しをもつことがファーストステップです。
　イメージする上で大切なのは
絵や図,表やグラフに表すこと
です。
　文章問題の数量関係を
簡単な絵や線分図,数直線などの図に表すこと
で,
数量関係を把握し,
問題の内容をイメージすること

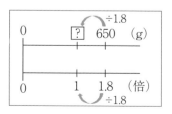

第1章　さあ，算数の授業づくりを始めよう

ができるようになります。

　例えば，5年生の割合の学習では，比例数直線を使い，数量関係を表します。

　ここでは，

　数量関係を把握し，理解すること

が重要です。

　数直線は，数量関係を把握し，理解する武器となります。導入では，問題の内容をつかむ過程で，まず

①数直線を引く

②問題を読み取り，数字を当てはめていく

③数字や矢印を使い，量関係を書き込んでいく

の3つを行いましょう。

　それぞれの数直線を

　ペアで交流したり，全体で交流したりする

と問題のイメージがより明確になります。

　次に，

　考え方の過程を書き留め

させましょう。

　例えば，5年生のいろいろな四角形の面積を求める学習では，既習事項を活用し，平行四辺形の面積を求める場面があります。

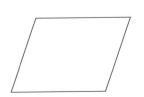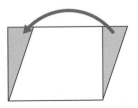

長方形の面積の求め方は知っています。しかし，平行四辺形の求め方はまだ学習していません。

　ですから，図のように，右の塗りつぶした三角形の部分を左側につけて，長方形にして面積を求めようとするでしょう。

　このような，

学習した方法を活用した考え方を，ノートや黒板に書き留める

ことが大切です。

　また，考え方を共有することによって，

友達との考えのズレ

が明らかになります。

　前ページのような方法以外に，下の図のような方法を考える子もいるでしょう。

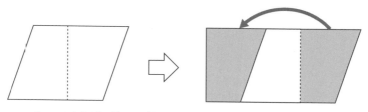

　いろいろな四角形の面積を求める場面では，実に多様な思考が生まれます。

　だからこそ，展開の場面では，

考え方の過程をノートにしっかりと書き留める

ことが大切です。

　そして，

考え方の過程を共有

第1章 さあ，算数の授業づくりを始めよう

させましょう。

それぞれの考え方を共有するとき，

ノートにかかれた子ども自身の言葉や絵図を使って発表

させることが大切です。

発表の方法は，

子どものノートを書画カメラでテレビモニターに映して発表する・子ども自身に黒板に書かせて発表する

の2つが有効です。黒板に描いた絵図や言葉がきれいにまとめられなくても構いません。

・**子どもなりの表現を大切にすること**
・**子どもが描いた絵図を使って説明させること**

が大切です。教師は，

子どもたちの様々な考えを紡ぐ

ことが仕事です。

「これってどういうこと？」

「○○さんの考えは，○○さんとどこが違うかな？」

など，思考過程を

比較させたり，問い返したりする

ことで，それぞれの考えがより明確になっていきます。

また，考え方の過程を書き留めたみんなのノートを見合う

ノートのシェアリング

は有効です。

授業の最後に，1分だけでも構いません。全員のノートを机の上に広げ，みんなで見合いましょう。自分なりの方法でまとめることで，伝えることが苦手から好きへと変化していくことでしょう。

(久保田)

単元計画

低学年の単元計画で大切にしたいこと

算数科は,
学習内容や系統性がはっきりしている教科
です。

しかし, **学習内容がはっきりしていても**, "子どもたちが学ぶ意欲を感じる授業"をつくることができるかどうかは別の話です。

また, **系統性がはっきりしていても**, 指導者が系統を意識して授業を展開しているかどうかも同様です。

低学年の単元計画では,
①「系統性」と「既習の活用」を意識すること
②「教えること」と「考えさせること」の違いを意識すること
の2つが大切でしょう。

「系統性」と「既習の活用」を意識することについて,「量と測定領域」の「長さ」の学習を例に挙げて説明します。

1年生と2年生, 両方の教科書に「長さ」の学習があります。
教材研究をじっくり進めておかなければ,
・1年生の「長さ」でどこまで学習を積み上げておくべきか
・2年生の「長さ」は何を既習として学習を始めたらいいのか
などがわかりません。

教材研究を通して,
単元を通した授業を想定すること

が単元計画と言えます。

　量と測定領域には，
①直接比較
②間接比較
③任意単位
④普遍単位
と呼ばれる思考の4ステップがあります。

---

　①直接比較
　　（2本の鉛筆の長さを，端をそろえて比べる場面など）
　②間接比較
　　（机の縦と横の長さを，紙テープを使って比べる場面など）
　③任意単位
　　（鉛筆の長さを，クリップ3つ分などと表現する場面など）
　④普遍単位
　　（鉛筆の長さを，cmなどの単位を使って表現する場面など）

「長さ」だけでなく，「かさ」「広さ」「重さ」などもこの4ステップを踏んで学習を進めていくのが一般的な展開です。

　1年生の「長さ」では，

①直接比較，②間接比較，③任意単位まで

を学習をします。

　2年生の「長さ」では，

③任意単位を少し復習したのち，④普遍単位

を学習します。

　しかし，1年生の子どもたちは，「1cm」の用語を知ってい

ることがほとんどです。定規をもっていますし，日常で耳にする言葉だからです。

けれども，1年生に普遍単位を教え込むことはあり得ません。また，「1cm」という用語を1年生がたとえ知っていたとしても，①直接比較，②間接比較，③任意単位などの学習経験を軽く扱った単元計画をすることはたいへん危険です。

十分な体験的な活動を取り入れることで，長さを比較することが，1年生では特に重要なのです。

2年生の算数科では，

既習を活用する学習経験を単元の中に位置づけること

が大切です。

授業の中で，子どもが発表したときの

「1年生のときに，消しゴム4個分という数え方をしたのを覚えているよ」

「1cmを同じ大きさで10に分けた1つ分が1mmだったね。1Lを同じ量で10に分けた1つ分もきっと呼び方があるはずだ。」

といった，既習を活用する考えをおおいにほめましょう。

「教えること」と「考えさせること」の違いを意識すること

について，2年生の「たし算」を例に挙げて説明します。

2年生の「たし算」では，2けた同士のたし算を

筆算形式で指導

します。

ここでは，

「2けたの数は，位ごとに分けて計算すると便利」

という考えを子どもから引き出しましょう。

この,「位に分けて計算をする」という考え方を,形式にしたものが筆算です。

筆算の形式は考えさせることではなく教えること
です。
　子どもたちが,
「"位に分けて計算するといい"という,このクラスで考えた学びと,新しく学んだ筆算の方法は,つながるね。」
という感想をもつと,

イメージを伴って筆算を学ぶこと
ができます。
　実は,イメージを深める時間(意味理解の時間)をしっかり確保する方が,

子どもたちの技能や思考は高まる
からです。
　筆算形式は,

先人の知恵の結集であり文化
です。
　筆算形式は,

考えさせることではなく教えること
です。
　このように,

「考えさせること」と「教えること」の違い
を**教師が意識する**ことは,低学年の算数授業においては特に重要だと言えます。

(木下)

中学年の単元計画で
大切にしたいこと

　明日，算数の授業があります。その授業内容をいつ考えますか。

　中学年では，

　事前に単元ごとに授業を考え，計画を立てる

ことがより重要になります。

　事前に単元ごとに授業を考えることで

①単元のゴール

②内容や考え方のつながり

③単元を貫く図や指導や授業展開

が見えるといったよさがあります。

　低学年では整数中心の学習内容だったのが，中学年では小数や分数が学習内容に入ってきます。

　整数は具体的でイメージしやすい一方，小数や分数は抽象的でイメージしづらいです。

　低学年では問題場面をイメージするために本物のあめを用意したり，タイルやブロックを用意したり，具体物や半具体物を用意したりします。

　しかし中学年になると，小数や分数を本物や本物そっくりの物で表すことが難しくなってきます。そこで，

・ドット図

・テープ図

・線分図

・**数直線図**

などの図を使うことになります。

しかし,

図は抽象的なもの

です。だからこそ,意識して単元ごとに授業を考えなければなりません。

4年生「小数と整数のかけ算」を例に説明します。

まず,**単元のゴール**を考えます。

単元のゴールとは,この単元が終わるときに,

子どもたちに身につけさせたい技能や知識や思考

のことです。

4年生「小数と整数のかけ算」では,小数に整数をかける乗法やその意味とその計算の仕方について

既習の整数の乗法の計算や小数のしくみをもとにして考え,
理解し,それを用いる能力を高める

ということになります。このゴールを達成するために,毎時間の授業の目標があります。

次に,**内容や考え方のつながり**を考えます。

例えば,0.2×4の計算の仕方についての学習です。

0.2は0.1が2つです。

だから,0.2×4というのは0.1が2×4,2×4＝8だから0.1が8,つまり0.8というように考えることができます。

これは「2×4＝8」という2年生の九九の単元で学習した考え方をもとに考えています。9分の2×4といったような分

数のかけ算でも同じことが言えます。

「9分の2は9分の1が2つ。」

「だから，9分の2×4というのは，9分の1が2×4。」

「9分の1が8個。」

「つまり9分の8となる。」

算数はこれまでの学習を使い，新たな価値を生み出します。

「これまでの学習をもとに考えさせよう。」

ということを意識することで，

指導方法や手立て

が変わってきます。

最後に，**単元を貫く図や指導や授業展開**を考えます。

単元を貫く図とは，

単元を通して使用する図

ということです。

・説明するための図

・問題場面をイメージするための図

・立式するための図

は，

子ども自ら選択して使えるようになる

ということが大切です。

しかし，

「1時間目は数直線を授業のメインで使いました。」

「2時間目は線分図を授業のメインで使いました。」

「3時間目は関係図を授業のメインで使いました。」

というように毎時間ごとにメインで使う図が変わっては，全員

第1章　さあ，算数の授業づくりを始めよう

が理解することができないでしょう。

ですから，
・**自分で考えるときは，自分が選んだ図を使う**
・**全体で考えを交流するときの図は，単元を通して同じ図を使う**

といったことが大切になってきます。

さらに，単元を貫く授業展開では，

問題を書いた後は図を描く

ことが大切です。

習慣づけば，問題を書いたのち，子どもたちが自ら図を描くようになります。

算数が苦手な子ほど，

図で表す方法

は効果的です。

抽象的な内容が増え，難しくなるといわれる中学年ですが，

3つのポイントを意識して単元計画をつくる

ことで，子どもたちが技能や知識や思考を習得していくことが期待できます。

（樋口）

高学年の単元計画で
大切にしたいこと

　新しい単元に入るとき，困った経験はありませんか。とりわけ，高学年の教材では，何を知るべきか，どう進めるべきか，手がつけられずにもやもやとした時間だけが過ぎていったことはないでしょうか。
　まずは，
単元で大切にすることを知る
ことからスタートしましょう。
　新しい単元に入るとき，
①単元の系統性
②単元の各場面の特性
③単元で教える内容
の3つを知ることが大切です。

　まずは，
単元の系統性を知る
ことから始めましょう。どの単元でも，
前の学年と次の学年で似た系統の内容
を学習します。
　例えば，4年生では，平面図形の面積の求め方を学習します。5年生では，立体図形の体積の求め方を学習します。さらに，6年生では，より複雑な角柱や円柱の体積の求め方を学習することになっています。

第1章　さあ，算数の授業づくりを始めよう

　4年生で学習した凸の形の面積は，補助線を引き正方形や長方形に分けて計算しました。その既習内容が，5年生の様々な形の体積の求め方に活用できます。また，「1つの面の面積×高さ」の考え方が6年生につながります。

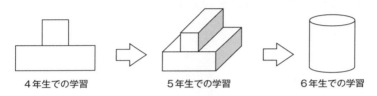

4年生での学習　　　　5年生での学習　　　　6年生での学習

　本単元の前と後の接続部分を知りたいならば，

前後の学年の教科書を見る

ことが簡単で一番早い方法です。

　次に，

単元の各場面の特性

を知りましょう。

　単元は，大きく分けて

・**導入**

・**小単元**

・**まとめ**

の3つで構成されています。

　導入では，

前学年で学習したことをおさえること

興味・関心が高まる工夫をすること

が大切です。

　興味・関心が高まる工夫としては，

クイズ的な要素のある教材やゲーム性のある教材
がおすすめです。

　例えば、6年生の角柱と円柱の学習をする場面です。次の図を提示し、

「体積が大きい順に並べましょう。」
という課題を出します。

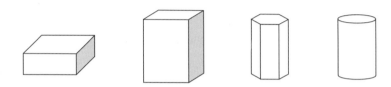

　これまでに学習した方法で求められるものと求められないものがあります。よって、正解はだれにもわかりません。
　導入では、

みんなわからないからこそ知りたくなる工夫
を仕掛けるとよいでしょう。

　小単元では、

算数的活動を取り入れること
を大切にします。

　例えば、6年生の体積の学習では、1㎥の体積を単位換算する場面があります。よく間違える換算として、1㎥＝1000㎤と書く子がいます。1000㎤は、1000mLであり、1Lマスの大きさです。1㎥が1Lマスと同じ大きさであるはずがありません。
　だからこそ、実際に1㎥の立方体をつくり

体験を通して量を感じる場面
をつくりましょう。

第1章　さあ，算数の授業づくりを始めよう

まとめでは，

算数まとめノート

がおすすめです。

教科書会社によっては，単元末にまとめノートの例が載っている場合があります。それらを参考にしてもよいでしょう。

まとめ方のポイントは，

①文字や数字，絵や図を使って工夫する
②色を使って工夫する
③吹き出しを使って自分の考えを書き留める

です。

単元の最後にまとめのための１時間を設けてもいいですし，提出期限を決め，宿題にしてもよいでしょう。

まとめ終わった後はノートを机の上に置き，

みんなで見合う時間（シェアリングの時間）

をとりましょう。まとめ方を学び合える時間をつくります。

最後に，

単元で教える内容

をあらかじめ頭に入れておきましょう。

・どのような知識を理解すればよいか
・どのような考え方が育まれればよいか
・どのような計算や技能が身につけばよいか

この３点を事前に知っておくことが重要です。

新しい単元に入るときは，躊躇しがちです。しかし，ポイントをおさえれば，自ずと安心します。まずは「知ること」から始めましょう。

（久保田）

発達段階と系統性を考える

　算数は系統性が見えやすい教科と言われています。
　1年生ではたし算やひき算，2年生ではかけ算，3年ではわり算を学習します。
　学年が上がるにつれて数が大きくなり，さらには整数だけでなく分数や小数も出てきます。
　算数は，**学びを積み上げていく教科**であると言えます。
　2年生の「かけ算」を例に紹介します。
　$\boxed{2×3}$ の計算の答えは6です。2年生では計算の答えを出すところまでが学習内容です。しかし，$\boxed{2×3}$ は様々な学年の学習とつながっているのです。
- 2＋2＋2＝6→（1年生）
- 6＝2×3，6＝1×6（2年生〜　多様な数の見方）
- 2×3＝2×2＋2（3年生　計算のきまり）
- わり算の逆算→（3年生）
- 1つ分の大きさ×いくつ分＝全体の大きさ
　→（4〜6年生　小数・分数のかけ算）
- かけ算で使う図（アレイ図）→（4年生　面積）
- 2の3倍は6→（5年生　割合）

　かけ算の意味理解は，発達段階に応じて広がっていきます。
　算数ではその単元，学年の内容だけ見るのではなく
　その前後のつながりを確認すること
が大切です。

第1章 さあ，算数の授業づくりを始めよう

また，数や式の意味を理解するには，小さい整数値を扱う3年生までに具体物でイメージをもつことが大切です。

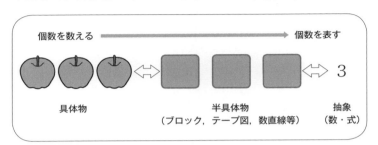

具体物 ⇔ 半具体物 ⇔ 抽象

のように，

イメージをつくる経験

を算数的活動の中でたくさん行わせましょう。4年生以降になると整数値は大きくなり，小数値や分数値も出てきて具体物に戻すことが困難になります。

また，算数授業では，発達段階に応じた操作活動も大切です。操作させるだけでなく，

操作したことを表現活動につなげていくこと

で表現力が積み重なっていくでしょう。

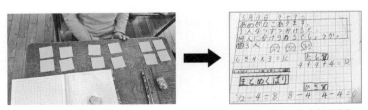

▲操作活動　　　　　　▲話す，聞く，書く表現活動へ

(直海)

第2章
教師と子どもの算数力を高めるポイント

　第2章は第1章をふまえながら,先生と子どもたちの算数の力を高めることを目指しています。

　キーワードは,「指導力」と「学習力」です。

　子どもたちが「楽しい」「わかる」と実感する授業にするには,先生自身の指導力を高めると同時に,子どもたちの学ぶ力である学習力を高める必要があります。子どもたちが「学びたい」と思えるように授業における指導力を発揮し,学ぶ力や理解する力,考えていく力を身につけさせなくてはいけません。その上で,子どもたちが授業や家庭での学習において,仲間たちや自分の力で学んでいく力を身につけていく必要があります。

　そこで，まず，教師と子どもの算数力を高めるポイントとして，教材研究や発問といった教師にとっての算数の指導力の高め方を紹介しています。その上で，ノート指導や算数の具体物の使い方といった，実際の授業における子どもたちの学習力を高める工夫について書きました。
　どのようにしたら教師と子どもの算数力を高めることができるか。
　ぜひ，一緒に考え，実践してみましょう。

教材研究・授業づくり

教材研究は子ども目線で行う

　教材研究とは，1時間で
　子どもたちに獲得させたいことは何か……**目標**
　何を使って獲得させるか……**教材**
　どのように獲得させるか……**指導方法**
を考えることです。
　子どもたちに何を獲得させるか（目標）は，
教科書や指導書をしっかりと読み深め，獲得させたい内容を確認すること
が基本です。
　何を使って獲得させるか（教材）は，
どのような教材を使って目標を達成するか
を検討しましょう。教材になるものはたくさんあります。ジュースやおはじき，乗り物などです。子どもにとって，
わかりやすいもの，興味がわくもの，身近なもの
を選びましょう。
　どのように獲得させるか（指導方法）は，
教材や教科書を使って指導する方法
を工夫しましょう。指導の工夫としては，次のような方法が考えられます。
①かくす
②誤答を提示する

第2章　教師と子どもの算数力を高めるポイント

❶　かくす

5年生，少数のかけ算では，次のように問題をかくします。

> 1mのねだんが80円のリボンがあります。
> このリボンを ? m買ったときの代金はいくらですか。

? の部分の数字は子どもから聞きます。2という数字が出たとしたら，式と答えは80×2＝160　答え160円となります。次に2.3という数字ではどうでしょう。すると子どもは2の場合をもとに，小数でもかける数にしてもよいことに気づきます。

❷　誤答を提示する

あえて誤答を取り上げることで，子どもはその間違いを図やかけ算の性質をもとに説明しようとします。例えば次のような誤答が考えられます。

> 2.3×80＝184　答え184円

「ことばの式では 1mのねだん × 長さ ＝ 代金 だから違うよ。」など様々な根拠から式が違うことを説明させることが大切です。

子ども目線で指導方法を工夫することで，子どもが意欲的になれる授業を目指しましょう。

（永井）

教科書を活用した授業づくり3ステップ

「教科書を教える」のではなく,「教科書で教える」。

初任の頃,先輩教師からよく聞いた言葉です。

「教科書で教える」ということは,

教科書を活用して学習内容をよりよく理解させること

だと考えています。

そこで,教科書を活用した授業づくりを3つのステップで紹介します。

1つ目のステップは,

教科書の学習内容を,教師がよく理解する

ことです。大切なのは,

その単元(その時間)に子どもに何を学ばせなければならないのか

ということを理解した上で授業づくりを考えるということです。

そこで,おすすめしたいのが,

複数の教科書会社の教科書を見比べてみる

ことです。

・単元の導入はどうなっているか

・どのような数値設定にしているか

等,教科書を見比べるだけでとてもよい教材研究になります。

その中で,各社に共通する部分が見えてきます。それが,

その学習の中で外してはならない中心部分

となります。

また，教科書によって違っている部分には，各社の意図がこめられています。そこに**工夫の余地**があるのです。

2つ目のステップは，

教科書の内容をアレンジできないか考える

ことです。

例えば，

登場人物の名前を変えたり，学校行事の問題場面に置き換えたりする

だけで，生きた問題にアレンジできます。子どもの実態に応じて，

数値を変える

ことも大切なアレンジです。（ただ，教科書の数値はよく考えられているので，十分教材研究を行った上で行います。）

3つ目のステップは，

教科書をどう使わせるのかを考える

ことです。

例えば，教科書の提示の仕方で言えば，

・教科書は初めから見せておくのか，途中で開かせるのか。
・ICT機器やデジタル教科書を使うか，使わないか。
・全体を見せるのか，部分的に見せるのか。

等，いろいろな方法があります。

大切なことは，

目の前の子どもにとって，何を，どう学ばせることが，よりよいのか

という視点で常に考える態度です。児童観，教材観，指導観のつながりを意識して教科書を活用しましょう。

(若林)

指導書の効果的な使い方

指導書は，

教科書会社が自社の発行する教科書に合わせて作成したもの

です。教科書会社によって構成は異なりますが，一般的に下図のように2部構成になっています。

指導書
- **朱書編**
  児童用教科書に赤字で解説等が書き込まれている。1時間の展開がわかりやすく，教室に持ち込んで授業ができる実践型指導書。
- **解説編**
  年間計画，単元のつながりや，1時間ごとの授業について詳しく解説された指導書。

朱書編も解説編も，**発問例や板書例を載せるなど授業に必要な情報がすぐわかるように工夫されて**います。

授業を考えるにあたり，時間がないときは指導書の朱書編を参考にすることは仕方がないことかもしれません。

しかし，指導書が工夫されているとはいえ，それに甘んじていては授業の上達は難しいでしょう。指導書丸写しの授業では授業展開に疑問も生まれないですし，目の前の子どもに合わせて改良しようという意欲もわかないからです。

指導書を,

うまく使って授業のプロになる

ことが大切です。

　指導書を使ってちょっとした工夫ができる実践を紹介します。

　授業前は,

> ①授業計画ノートに朱書編を参考にして授業の流れを簡単に書く。(主な問題や発言など10分程度で書けるものでよい。)
> ②そこで疑問に感じたことはより詳しく書かれた解説編を読む。

の2つを行うとよいでしょう。

　授業後は,

> ①実際の授業をして,主な子どもの反応やつまずきを書き足す。
> ②もっとこうしたらよかった,ここで困った,ここは楽しくできたなど,子どもの様子を振り返りながら課題を書き足す。
> ③疑問に感じたことはより詳しく書かれた解説編を読む。(5分程度)

の3つを行うとよいでしょう。

　その際,その日の板書をカメラで撮影し貼りつけるとより詳しく振り返ることができます。

　この記録を続けると,**子どもの反応や見方に敏感になり**,授業展開への工夫のアイデアが生まれてくるでしょう。　　　　(直海)

発問づくり

教科書から学ぶ 発問づくり　　低学年

　算数授業の**発問づくり**を考えるとき，大変参考になるのが

教科書

です。

　教科書には，

発問例が載っている

からです。

　教科書の発問例は，伝承され続けてきた**算数文化**とも言えます。それらは学習内容にも直接結びつくのです。

　教科書をなぞるだけでも，学習内容を外さない授業ができるのはそのためです。

　しかし，教科書の発問例をそのまま使ってしまうと，子どもたちの学習意欲が半減し，受け身の授業となってしまいがちです。

　ですから，教科書の発問例はそのまま使うのではなく，

教室の子どもたちを具体的にイメージ

して使いましょう。

　まずは，

・**この発問で，子どもたちの気持ちは学習に向かうか。**
・**この発問で，子どもたちの考えは深まるか。**

などのようにイメージするとよいでしょう。

　また，

・**向かわなければ，発問をどう変えたらよいだろうか。**

・深まらなければ，発問をどう変えたらよいだろうか。

とその先を想定することも大切です。

次に,

教科書の発問例を少しアレンジするステップ

を考えます。

2年生に「3けたの数」という学習単元があります。

A社の教科書はクリップを数えさせる活動を通して，3けたの数を学習する単元の展開となっています。

教科書では，「**クリップは何こありますか。**」という発問（問いかけ）の後に，「**10のまとまりは何こできますか。**」と補助の発問（問い）を載せています。さらに，「**100のまとまりは何こできますか。**」と補助の発問（問い）を挟んでいます。

ここでは，

・1000までの数を数えさせる活動を設ける。

・数えさせるものは何でもよい。（教科書の場合はクリップ）

・「10のまとまり」や「100のまとまり」を子どもたちにつくらせながら1000までの数を数える意図がある。

とおさえておきましょう。

心に留めておきたいこととしては,

①まとまりをつくって数えるという工夫をさせることが，本時で子どもたちに求めている姿である。

②教師から指示やヒントを言われなくても子どもたちが自らまとまりをつくり始めるのが理想である。

③「工夫しましょう。」はできるだけ教師からは言わない。

④「10のまとまりをつくりましょう。」もできるだけ教師からは言わない。

⑤ "子どもたちに一番させたいこと"は教師が言わない。子どもたちの中にその姿を探し，見つけ，それを認め，ほめるようにする。クラス全体に広げる。

です。

　子どもたちに投げかける発問はやはり，

「クリップは何個ありますか。」

がよいでしょう。シンプルな発問だからです。

　そのとき，

 教科書を閉じさせておくこと

がポイントです。

　補助発問として掲載されている，

「10のまとまり」や「100のまとまり」をつくっている姿

を，クラスの子どもたちの中から探し出したいからです。

　「おっ。○○さんは不思議な数え方をしているね。」

と教師が投げかけると，その子の周りに他の子が集まるでしょう。

　この投げかけは発問ではありませんが，求める姿を他の子どもたちに広げていく教師の支援です。

　「先生。不思議なのではなくて，○○さんは工夫をしてクリップを数えているのだと思います。」

とクラスの子どもに言わせたいものです。

　教師よりも，クラスの友達に認められた方が子どもはうれしいからです。

　そこですかさず，

「○○さんの数え方は工夫があるというお話をしてくれました。さて，どんな点が数え方の工夫だと思いますか。お隣の友達と

（班のみんなで）相談をしてみましょう。どうぞ……」
と教師が投げかけます。

すると，クラス全員が"**10ずつのまとまりのよさ**"を話し合い表現し始めます。

ここで気をつけたいことが，

「クリップは何個ありますか。工夫して数えましょう。」

と発問しないことです。

ほめられるべき「工夫すること」がしなければならないことになってしまうからです。

教室を見渡せば，工夫して数える子どもが必ずいるはずです。まずは，教師が

子どもたちの動きを信じて待ち，よく観察すること

が大切です。

また，教科書に記載されている通りに，
「10のまとまりは何個できますか。」
と子どもたちに発問してしまうのは避けたいことです。

10のまとまりをつくる工夫をする子どもはどの教室にも必ずいます。

教科書はあくまでも，求める子どもの姿を「授業展開例」「発問例」というかたちで記載しています。

このように，教科書から「発問」を学ぶことができます。

（木下）

WHY や HOW を意識した発問づくり　　中学年

　　中学年の授業では
「なぜ？」
「どのようなきまりかな？」
「どのような〇〇かな？」
といった
　WHY や HOW の発問をすること
がポイントです。
　　低学年では，
・いくつ？
・どれほど？
・どれだけ？
・どんな大きさ？
・どんな形？
・何番目？
といったように**限定した答えを聞く発問**が多くありました。
　　しかし，中学年では
・どのように考えたのか
・どのような方法で答えを出したのか
といった
　問題を解くためのプロセス
が大切になってきます。
　　中学年にもなると，

相手の考えを知り，自分の考えと比較・検討

することができるようになるからです。

　ですから，

「自分の考えと友達の考えを比べてみよう。」
「速く・簡単・正確にできる方法はどれかな？」
「使ってみたい考え方はどれかな？」

とプロセスにせまるための発問を

授業の終盤ですること

が大切です。

　このプロセスにせまっていくために使う発問が，

WHY や HOW の発問

です。

　3年生にわり算の学習があります。

　塾などで先に勉強をしている子にとっては，「12÷3の答えは4」と答えを出すことはすぐにできるでしょう。「12÷3の答えは何ですか。」という発問だけでは，「4」と子どもたちが答えて終わってしまいます。

　しかし，

なぜ「4」になるのか

というプロセスを説明することが苦手な子どもは多いでしょう。

　だからこそ，WHYの発問が大切です。

「どうして，12÷3は4なの？」

と聞くことで，

その理由について考える

ようになるのです。

　このとき大切にしたいことが，

絵や図，式，言葉を使って表現すること
です。
　ですから，

「理由を絵や図，式，言葉を使ってかきましょう。」
と続けて指示することもポイントです。

　中学年の学習には，**きまりを発見する**学習があります。子どもたちはきまりを発見する学習が大好きです。例えば，次のような問題があります。

> 四角形の対角線の本数は２本，五角形の対角線の本数は５本です。六角形の対角線の本数は何本でしょうか。

　この問題は，**対角線が３本ずつ増えていくという**きまりを発見する楽しさがあります

　しかし，教師が「きまりがあるよ」と言ってしまっては，**きまりを発見する楽しさを味わうことができません。**

 数字と向き合う時間をしっかりと確保する
ことで，子どもたちから，
「あれ？　きまりがありそうだ。」「きまりがあるよ！」
のつぶやきが生まれます。

　きまりを発見したら，
「なぜ，そのようなきまりになるのか？」
と問い返しましょう。

 「なぜ」の理由を考えること，プロセスを考えること
は，算数の本質です。

　きまりがわかれば，「十角形のときはどうなるのかな？」と，そのきまりを活用する発問を投げかけましょう。

答えを発表させた後,

「なぜその答え？」

とさらに聞くことで,

 先ほど見つけたきまりを根拠として説明する

ようになります。

この活動により,

 学習を深く理解すること

につながります。

一方で，WHYの発問を多くしすぎると，子どもたちの気持ちは離れていきます。

WHYの質問は，授業の中で

 一番理解させたいところ

で使うのが有効です。

また，WHYには

①目的をたずねる

②根拠をたずねる

という2つの意味があります。この2つを使い分けて発問することで,

「この考え方をもとにすると～」

「～というきまりがあります。」

という考え方を引き出すことができるようになります。　　　（樋口）

積極性を生む発問づくり 高学年

　高学年になると,発表することに対して消極的になってきます。そんなときも,発問を工夫すれば,子どもたちの「言いたい!」が自ずと生まれます。

　そのような発問にはコツがあります。まずは,1時間の授業を見通して

　発問する内容とその場面

をよく考えることが大切です。

　授業は,

　導入→展開→まとめ

の流れで進んでいきます。

　それぞれの場面でどのように発問すればよいか,具体的に紹介します。

① 導入の場面での発問

　導入では,

　興味・関心が高まる発問

を意識しましょう。

　例えば,5年生のいろいろな四角形の単元では,最初に右ページのような図をかくしながら提示します。そして,

　「どちらの仲間でしょう?」

と発問します。

　このように,

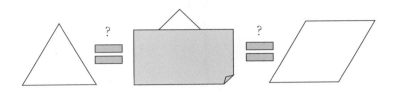

可視化させること や
二者択一的な問いにすること
で,「どっちだろう?」という,
子どもたちの興味・関心を高めること
につながります。

　また,みんなが悩むような提示をすることで,
間違ってもいい安心感
が生まれます。

　「これじゃわかんないよ！　もっと見せて！」
という言葉が出れば発問は成功です。

　能動的態度を生むには,
あえて不確かな状況の提示 と
何を言っても価値づけられるような正解がたくさんある質問
がポイントです。

② 展開の場面での発問

　展開では,
友達との考えのズレが生まれるような発問
を意識しましょう。

　友達と考えが違うと,これでいいのかなと不安になります。
しかし,

展開ではみんなで悩み乗り越える経験
こそ大事なのです。

例えば、5年生のいろいろな形の体積を求める場面では、次のような形が提示されます。

このような形の体積は、直方体や立方体に分けて計算しなくてはなりません。したがって、多くの子どもはきっと上の直方体と下の大きい直方体に分けて、既習の方法で体積を求めるでしょう。

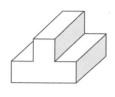

その際、
「他に、体積を求める方法はないかな。」
と発問しないことです。この発問では、
先生が言ってほしい方法を言う発表
となってしまいます。ここでは、あえて
「たった1つしかない方法をよく見つけたね！」
と言うのです。これは単なる投げかけのようですが、「他にはないかな？」という発問でもあります。

このように、「1つしかない」とあえて言い切ることで、
「他にもあるよ！　僕の方法を言いたい！」
と能動的に発表するようになります。

友達との考えのズレが意識できるような発問を意識することが大切です。

また、展開での切り返し発問として
「どういうこと？」
は大変有効です。

説明する中で、

根拠をもとにして，筋道立てて言おうと意識する
ようになります。また，
「〇〇さんの言っていることわかる？」
という発問によって，
考えを整理しながら説明する
ようになります。

③ まとめの場面での発問

まとめの場面では，
教材の本質にせまる発問
を意識しましょう。

この１時間で学習したことが理解できているか，確認することが大切です。そこで，
「何がわかったの？」「どうやって考えたの？」
と発問しましょう。

知識理解が十分であるか

課題を解決する過程を説明できるか
を確認する発問として有効な言葉です。

発問は，
教師が言ってほしい言葉や考えを言わせるもの
ではなく，
子どもたちが自ら考えたくなるもの
を心がけましょう。

子どもたちの「言いたい！」は，教師の発問の言葉から生まれるのです。

（久保田）

ノート・ワークシート

ノート形式が安心を生む

　算数の授業において，ノートをどのように書かせていますか。**形式**があると，子どもは安心してノートを書くようになります。そこで，**ノートの基本形式**を決めることをおすすめします。下に基本形式の一例を紹介します。

```
| 2/27      |          |
|   めあて   |  [    ]  |
|   問題    |          |
|   式     |          |
|   考え方   |          |
|          |          |
|   まとめ   |  [    ]  |
|  ふりかえり |          |
```

　ポイントは，

ノートの左に線を引くこと

です。

　そうすることで，**授業の流れ**がひと目でわかります。

　また，書式では

日付，めあて，まとめ
の３つを大切にしています。

日付は，

これまで学習したことと本時の学習をつなぐ目印

となります。

発表するとき，

「６月12日に，かずやくんが使っていた図で考えました。」

というように，これまでの学習と本時の学習をつなげて**広く深く考える**ことができるようになります。

めあては，

本時の学習の目的を意識する

大切な視点となります。

まとめは，

本時の学習を振り返る

大切な視点となります。

めあてとまとめは，**四角囲み**にして書かせるとよいでしょう。

四角で囲まれている部分を見ると，めあてとまとめの関係がひと目でわかります。

また，ノートを書かせるときには，

スペースを大切にすること

も意識させるとよいでしょう。

さらに，話題が変わるときは，**必ず１行空けるように**指導します。そうすることで，授業の流れや自分が考えたことが整理されていきます。ノートの形式を決めるだけでなく，工夫をしたノートを認めていくことも同時に大切にしていきましょう。

(赤川)

ノートは3つの役割でできている

　ノートには，
 記録・考えの整理・練習
の3つの役割があると考えています。

　これを意識するだけで，**感覚的な指導ではなく，的を射た指導**に変わっていきます。

　授業を通して，子どもたちは新しい算数の言葉を学びます。友達の素晴らしい考え方にも出会います。

　しかし，それらの情報は，記録しておかなければすぐに忘れてしまいます。

　ですからノートには，
 授業で学んだことを記録しておくこと
が大切です。

　記録する上で大切なのが
 丁寧さ
です。

　丁寧さには，**字の丁寧さはもちろんのこと，線や図形を描く丁寧さ，わかりやすくまとめる丁寧さ**が必要です。そのため，**丁寧に書くための時間をしっかりと確保しましょう。**

　また，ノートを使うことで
 自分の考えを整理すること
ができます。

　子どもたちは，文字や数字，絵図等を使って，ノートに**自分**

の考えを出したり，まとめたりします。

このとき，大切にしたいことは，美しさではありません。**子どもなりの自由な感覚でとにかく書くようすすめましょう。**

さらに，ノートを使って練習することで，

 「わかった」ことが「できる」

ようになります。

授業で「わかった」ことは，一度で「できる」レベルまで到達することはなかなか難しいものです。

適用問題やドリル学習をノートに反復練習することで，「できる」という自信になるのです。

例えば，2年生の「たし算の筆算」では，

 位をそろえること

を何度も繰り返し練習します。

その際，

 ノートの1つのマス目に1つの数字を書かせること

がポイントです。

そうすることで，位取りを何度やっても間違わずに「できる」ようになるのです。

ノートの役割3つを意識することで，算数の力が大きく変わります。

(赤川)

ノートをレベルアップする
3つの「目」

　ノートの質を高めるには，**チェック**が必要です。
　しかし，教師が行うチェックは，
　できていない部分の指摘
が多くなってしまいがちです。
　それでは，子どものやる気が下がってしまいます。そこで，次の3つの目でノートをチェックすることをおすすめします。

　まずは，
　友達の目でチェック
しましょう。
　友達同士でお互いのノートを見合う**「ノートお披露目会」**を開催します。
　方法は次の通りです。

---

①1週間前にお披露目会の開催を伝える。
②期日がきたら，これまでの自分のノートの中でお披露目会に出品するページ（見開き1ページ）を選び，付箋をつける。
③教師は，付箋がついているページをコピーして展示する。
④お互いのノートのまとめ方を見て学ぶ。感想も伝える。

　大切なポイントは，
・**事前に開催を予告すること**

第2章　教師と子どもの算数力を高めるポイント

・見開き1ページ限定で展示すること

です。

次に，

教師の目でチェック

しましょう。

学習の最中や学習後に，その都度教師のチェックが入ることで，**子どもの意欲もノートの質も高まっていきます。**

しかし，一度に多くのノートをチェックすることはとても大変です。そこで，**「今日は，色の使い方を見ます。」**とか，**「今日は，考え方を説明した文章を見ます。」**のようにチェックする視点をあらかじめ伝えるようにします。

そうすることで，**何に気をつけて書けばよいのか**を意識するようになります。結果として，ノートへの意識も質も高まっていきます。よいノートはその都度紹介するとよいでしょう。

さらに，

子ども自身の目でチェック

しましょう。

4月の子どものノートをコピーして保存しておきます。使い終わったノートを保管しておくのもよいでしょう。そして10月にそれを配布し，今の自分のノートと比べさせましょう。

自分のノートづくりの成長が自覚でき，その後のノートづくりの目標が明確になります。

(赤川)

正しい視写と表現力を
高めるノート指導 低学年

　低学年のノート指導では，
①正しく書き写す指導
②表現方法を少しずつ高める指導
の2つがポイントです。

　低学年は書く力の個人差が特に大きい時期です。
　ですから，ノート指導は特に丁寧に進める必要があります。
　そのため，**正しく書き写す指導**では，
　マス目の上に数字が書かれているノートを使う
ことがおすすめです。
　正しく書き写すためには，指示が通らなくてはなりません。マス目の上の数字は，それを手助けしてくれます。
　先生が黒板に文字を書くときは，
　ノートと同じくマス目の上の数字を書くこと
　ノートの字数に合わせて書くこと
を心がけましょう。
　そうすることで，速く正しく書き写せるようになっていきます。
　そして，正しく書き写すことができるようになったら，次のステップである表現力を高める指導を目指しましょう。
　しかし，低学年の子にとって，言葉でノートに表現することは大変なことです。

第2章 教師と子どもの算数力を高めるポイント

そこで，**表現方法を少しずつ高める指導**として，

 自分の考えを絵で表現すること

をおすすめします。

例えば，1年生の問題，
「かえるが5ひきいます。3びきやってきました。合わせて何ひきですか。」
を子どもに絵で描かせます。

すると，はじめ子どもは，1匹ずつ丁寧に絵を描きます。

この段階が低学年の子どもにとっては大切です。

しかし，丁寧な絵を毎回描いていると，面倒になります。

そこで先生が
「もっと短い時間で，描く描き方はないかな？」
とたずねます。

そうすると子どもたちは，簡潔な絵や○などの記号で表現するようになっていきます。

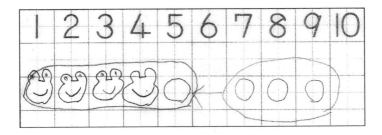

このように，簡潔な表現にするよさを味わわせ，少しずつ表現力を高めていきましょう。この経験は中学年以上での図などの抽象的なものを表現する場面につながります。

(赤川)

マス目を意識した
ノート指導

中学年

　中学年のノート指導では、
①**マス目を意識した指導**
②**図形の描き方指導**
の2つがポイントです。

　マス目を意識した指導を行うためには、
10mm（5mmに点線）方眼のノート
を用いるのがよいでしょう。

　このノートのマス目を意識して、
・1マスに1つの数字を書く
・1マスを1目盛りにした図を描く
ことの2つを指導しましょう。

　中学年になると、大きな数（億や兆）を学習しますし、小数も学習します。**1マスに1つの数字を書く**ことで、
正しく位を読むことができる
ようになります。

　分数の場合でも、分母で1マス、分子で1マス使うことで、
数字をより意識し正しく計算できる
ようになります。

　さらに中学年では、**数直線や線分図**も取り扱うようになります。数直線やテープ図は、次ページの図のように**マス目を意識**して書かせましょう。そうすることで、

第2章 教師と子どもの算数力を高めるポイント

数の大小関係を正しくとらえることができる
ようになります。

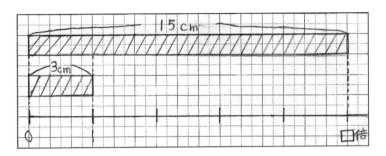

　図形の描き方指導では,
・コンパスを使うとき
・平行な線や垂直な線を描くとき
の指導がとても重要です。
　コンパスを使うときは,
下じきを外して,コンパスの針をしっかりノートに刺す
ように指導しましょう。安定してきれいな円が描けるようになります。
　平行な線や垂直な線を描くときは,あえて
方眼等のない白紙に描く場面をつくる
とよいでしょう。
　ノートにはマス目があるため,苦労せず平行な線や垂直な線を描くことができます。図形を描くとき,
コンパスや三角定規を使って試行錯誤すること
こそが,大切な算数的活動と言えます。

(赤川)

自分の考えを丁寧に表現させるノート指導　高学年

高学年のノート指導のポイントは,

自分の考えの過程を省略せずに,丁寧に表現させること

です。

具体的には,

① 問題から答えまでをつなげる指導
② まとめて計算させない指導
③ 筆算スペースを決める指導

の3つを大切にします。

問題から答えまでをつなげる指導では,

問題にある情報をきちんと整理して書き,答えにつなげること

を意識させましょう。

例えば,高学年の「速さ」の学習では,

> 分速200mの自転車が4km進むのに何分かかりますか。

というような問題が出てきます。

この問題に対して「4000÷200＝20　答え20分」と書く子がいます。

しかし,ここでは「**4km＝4000m**　4000÷200＝20　答え20分」と書くように指導する必要があります。

頭の中でなんとなくやるのではなく,

問題にある情報をきちんと整理して解く

第2章　教師と子どもの算数力を高めるポイント

よう習慣づけましょう。

まとめて計算させない指導では，
`途中式をかくこと`
を習慣づけましょう。

例えば，次の式のように
「$180° - (40° + 60°) = 90°$」
と途中式を書かなかったために間違い，悔しい思いをする子がいます。

しかし，これではどこで間違えたのかわかりません。だからこそ，途中式を
「$180° - (40° + 60°) = \mathbf{180° - 100°} = 80°$」
と書かせるようにしましょう。

途中式を書くことで，
`答えを出すまでの過程`
がはっきりしますし，間違いも減っていくでしょう。

筆算スペースを決める指導では，
`ノートの右端を線で区切り，筆算の計算スペース`
をつくらせましょう。

筆算をするとき，ノートのいたるところ小さくメモ書きのように書く子どもはいないでしょうか。それでは，計算間違いをする可能性が高くなります。

筆算を書く場所を決めることで，確実に計算する意識が高まります。

(赤川)

思考をサポートする
ワークシートづくり

　授業で学習したことは，基本的にノートに書き留めます。しかし，授業内容によっては，ワークシートを使う方が効果的な場合があります。例えば，
①学習のスタートラインをそろえたいとき
②複雑な図形・絵を扱いたいとき
などの場合では，ワークシートが効果的です。
　子どもが考える視点がそろっていない状態では，授業がうまく進みません。
　課題の提示や思考場面をそろえたいとき
に，ワークシートは効果的です。
　また，図形の問題を解くときに作図をさせると，早く描き終える子どもと時間がかかる子どもがいます。そのようなときも，図形が描き込まれたワークシートがあると
　考える時間をそろえる
ことができます。
　また，ワークシートを使うと
　考える内容を焦点化することができる
というよさもあります。
　特に，
　図形領域や量と測定領域
の学習場面で有効です。
　例えば，5年生の「三角形の面積」では次のようなワークシ

ートを使うのが効果的です。既習事項である長方形の面積の求め方を活用し，三角形の面積を求めるために使うワークシートです。

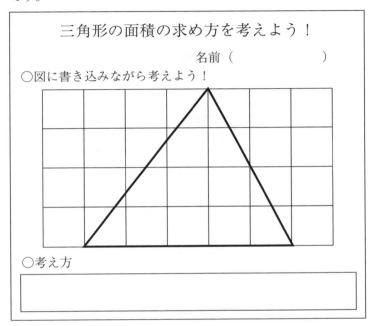

図形の学習でのワークシートは，

図を大きく提示すること・マス目を書くこと

がポイントです。また，

考え方を書くスペース

もつくりましょう。考え方を**絵図と文字**で表現させることが大切です。

　子どもの思考をサポートするワークシートづくりを心がけましょう。

(永井)

板書

板書は学びの過程を可視化する

　板書は，先生のメモではなく，
授業という子どもたちとの共同作業
です。
　板書で大切にすることは，
授業が終わったときに1時間の「学びの過程」が見える
ようにするということです。
　もっといえば，
どんな授業を1時間の中でしたかがひと目でわかるようにする
ということです。
　おさえるべきポイントは次の3つです。
①日付，単元名，課題を書く
②伝える言葉や子どもの声を大切にする
③まとめを書く

　なぜ，日付や単元名を書くのでしょうか。
　それは，
子どもたちのノートへのつながりを意識する
ということにほかなりません。
　毎日，日付を書いていくと，子どもたちは真似をします。
　板書を毎回一定にすることは，子どもたちの学習を習慣化させる効果があります。できるだけ課題やめあてを書くことも大

第2章 教師と子どもの算数力を高めるポイント

切です。それは，

今日，何を学ぶかが子どもたちにとって明確になる

からです。

　課題とまとめを書いて赤で囲めば，課題に対する結果や答えがはっきり表れるので，今日の学習課題を理解することができるようになります。

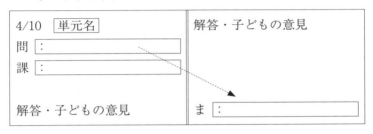

　つまり，

問題→課題→発表した考え（学習活動）→まとめ

という授業の流れを，板書の中でも意識するとよいでしょう。

　また，子どもの考えや発表したことを書き表すときには，

すべてを書かない

ことをおすすめします。

　まず子どもたちの話をよく聞き，ポイントをまとめるつもりで書いていくことが大切です。

　板書の写真をとりながら，いかに子どもにとって学びの過程が見えているか振り返っていくことが大切です。

　板書は様々な書籍等でいろいろな考え方が示されています。たくさんの実践から学びましょう。

（長瀬）

チョークの使い分けで
板書が変わる

　教師が毎日授業で使うもの，それはチョークと黒板です。つまり，チョークの使い方ひとつで，

 `1年間の板書が変わる`

のです。

　私は，基本的に

 `白色・赤色（朱色）・黄色・青色`

の4色を使います。

　これは，子どもがもっている筆記用具を意識しています。

　一例として，次のような使い分けを紹介します。

---

①基本的な数字や式，問題文や絵図は白チョーク

②「めあて」と「まとめ」の囲み枠は赤チョーク

③子どもの言葉は，吹き出しにして黄チョーク

④大切な言葉は赤チョーク（※赤色は視認性が弱いので，できるだけ朱色がよい）

⑤矢印，その他を青チョーク

　こうした一つの型を基本にしつつ，その時々に応じてアレンジしていくのがよいと思います。

　例えば，子どもの**価値のある言葉**を

 `吹き出しにして黄色のチョークで書き`

黒板にまとめます。

　授業の中で，

> **意識させたいところ**

も色や形で強調するとよいでしょう。

　また，**短くなったチョーク（各色）**はとても便利です。

　短いチョークは，太い線をかくのに最適です。必要なときに使えるよう，太い囲み枠用として確保しておきます。

　さらに，あまり知られていませんが，**蛍光色チョーク**もおすすめです。最近は百円ショップ等でも市販されています。

　蛍光色のチョークは，視認性が高く

> **強調したい言葉・強調したい囲み枠用**

として使うと効果的です。安価ですので，購入して使ってみるとよいでしょう。

　このように，学級であらかじめ

> **チョークの色や太さの使い分けを伝えておく**

と，子どもたちは安心して学習に取り組むことができます。

　また，色を使い分け，囲み枠や矢印を加えることで板書が

> **構造的**

になります。

　構造的に整理された板書は子どもの学習理解につながります。

　授業中，板書する教師には子どもの言葉を聞き分ける力，まとめる力が求められます。これは一朝一夕にはできません。

　しかし，板書計画は今日からできます。「チョークの使い分け」で，日々の板書が変わります。

　　　　　　　　　　　　　　　　　　　　　　　　　　　（若林）

教材・教具

算数道具の便利さを感じさせよう

　ものさしやコンパスといった道具は，人間が長い歴史の中でつくり出した，いわば文明の利器です。

　こうした道具を初めて使わせるときには，

　道具との出会いの場面

を大切にしましょう。

　そして，

　「道具って便利だな」と感じさせる時間

にしましょう。

　便利さを感じさせるためには，

　一度不便さを経験させる

ことが必要です。

　不便さを経験するからこそ，便利なものは便利だと体験的に理解するのです。

　ものさしとの出会いの場面を考えてみましょう。2年生の「長さ」の学習です。ここでは，前学年の経験を踏まえ，長さを間接比較する場面を考えさせます。

　まず，子どもたちに自分でつくった任意単位（消しゴムいくつ分など）で長さを比べさせます。

　しかし，任意単位では基準にする大きさが人により異なるという不便さが生じます。そこでようやく客観的な単位の必要性を感じることができるのです。

　こうした経験は，

第2章　教師と子どもの算数力を高めるポイント

 人間が「ものさし」をつくり出すまでの過程を追体験している
とも言えます。

　その後，「ものさし」という道具を紹介し，与え，使わせることで，

 ものさしの便利さを十分に感じること
ができるのです。

　その後，

 道具の正しい使い方
を，全員が理解できるまで丁寧に指導します。

　そして，反復練習を繰り返しさせることで，技能を確実に習得させていきます。

　道具は，基本的な使い方を覚えることはもちろん，

 目的に応じた使い分け
ができるよう指導しなければなりません。

　例えば，コンパスは，

①円を描く

②与えられた線分をほかに移す

③与えられたいくつかの点から等距離にある点を見つける

④③を利用して，正三角形・二等辺三角形・正方形・長方形を描くのに使う

といった使い方があります。

　 どのような場面で
　 どの道具を
　 どう使うのか
ということを，しっかりと理解させ，道具を使いこなせる子どもを育てましょう。

(若林)

具体物を通して数の変化を
感じさせる

　算数でよく使うおはじきなどの具体物。教師の意図なく，子どもたちに使わせていませんか。それでは，子どもたちは目的意識をもたずに遊んでしまうでしょう。

　「具体物を使いたい！」と使うよさを実感できる場面
で使わなければなりません。

　具体物を使うのに適しているのは，

　作業する場と確認する場
です。

　作業する場では，

　算数ブロックを用いて問題の状況を表現する活動
を行います。

　確認する場では，

　考えたことの内容や方法を，黒板と具体物で表現する活動
を行います。

　例えば，1年生のたし算の学習では，次のような問題に取り組みます。

> 　　　すなばで　こどもが　2人あそんでいます。
> 　　　そこへ　3人　こどもがきました。
> 　　　ぜんいんで　なん人いますか。

　このような場面では，

　数図ブロックなどの具体物を使って問題の意味を理解すること

第2章　教師と子どもの算数力を高めるポイント

が大切です。

　ここで，

「数がどのように変わったかな？　ブロックを使って表わそう！」
といった課題を投げかけます。

　すると，下の図のように人をブロックに見立て，2つのブロックと3つのブロックを合わせる操作をするでしょう。

　ブロックを使うことで，

・**数の変化がよくわかる**

・**数のイメージを形成しやすい**

などのよさが実感できることでしょう。

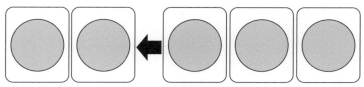

▲数の変化がよくわかる・数のイメージを形成しやすい

　数図ブロックを操作する活動を通して，

問題の内容を数でイメージする

ことができるようになります。

　また，

計算の意味理解を深める

ことにつながります。

　こういった活動は，

自力解決の場や全体で考えを共有する場面

で行わせましょう。

　目的意識をもって具体物操作をさせることで，考える力が育まれていきます。

(永井)

評価

テストの意味とつくり方

テストをする目的は，
学習内容の定着を図るためや
学習指導の改善に生かすため
であると言えます。

　学習内容の定着を図るためのテストは，
・必要な**知識や技能**が習得できているか
・**数学的な考え方**が育っているか
を調べる目的で単元終了後に行います。

　これらを図るために，下のような形式の問題をバランスよく取り入れるとよいでしょう。
　①計算や文章問題
　②定義を問う問題
　③文章に空欄を設けてそれを埋める問題
　④真か偽か問う問題
　⑤選択問題
　⑥誤りを訂正させる問題
　⑦並べ替えをする問題
　⑧説明や作問等の記述式問題
　⑧のような思考力・判断力を問う記述式問題は，算数科において近年特に重視されています。
　具体的には
・計算の仕方を説明する問題

第2章　教師と子どもの算数力を高めるポイント

・式や答えの理由を説明する問題
・数値を与えて問題をつくる問題
・キーワードを使って説明する問題
・図と式を結び付ける問題

などです。

6年生「文字式」

(5) 次の式になる場面を文章で作りましょう。
$x \times 3 = 150$

これらの問題は，

普段の授業の理解度を図るために取り入れる

とよいでしょう。

　日頃子どもがどのように考え，課題に取り組んでいるか，その姿勢や課題を解く過程を知ることができます。

　また，**テストを学習指導改善に生かす**ためには，

テストの結果から子どもの課題を知り，指導法を検証し，次に生かす

ことが大切です。

　授業や学習活動が

目標通り進められているか，教師側も子ども側も確認する

よい機会となります。

　テストを作成，選択することは，

教師が「算数授業で大切にしたいこと」を考えること

でもあるのです。

　テストの結果でそれらが子どもに伝わっているのか振り返ることが大切です。

(直海)

子どもの意欲を高める評価のタイミング

　評価は，誰のためのものでしょうか。成績をつける先生のためのものだけではなく，**子どもたちのための評価を目指したい**ものです。

　評価したことをきちんと子どもたちに還し，

子どもの意欲を高め，子どもを育てる評価

となるよう心がけましょう。

　評価する上で心がけることは，

ほめること

です。

　子どもは，ほめられることで，**自尊感情が高まり，学習意欲が高まります**。すると，

「次もがんばろう。」

「あっ，こんなことがほめられるのだな。自分もしてみよう。」

とうれしくなるのです。

　また，評価する上で大切にすべきことは，

・教師が望む子どもの姿を明確にもつこと

・その場ですぐにこまめに評価すること

です。

　それでは，具体的に

何に対して，いつ，どのように

評価すればよいのでしょうか。

　例えば，2年生の「かけ算」では，各観点における具体的な

子どもの姿（目標）を次のように考えます。

評価の観点	目標とされる具体的な子どもの姿
①関心・意欲・態度	・九九のよさに気づき，進んで覚え，活用しようとする。
②数学的な考え方	・乗法九九のきまりを発見し，九九を構成することができる。
③技能	・九九を唱え，それを使って問題を解くことができる。
④知識・理解	・かけ算の意味や計算の仕方を理解することができる。

関心・意欲・態度では，

・授業への反応，行動，発言を評価する

・ノートの振り返りやまとめの内容を評価する

ようにしましょう。

数学的な考え方では

・課題を解決する過程を評価する

ようにしましょう。

技能や知識・理解では，

・発言やノートのまとめや振り返りで評価する

・練習問題・テストなどで評価する

ようにしましょう。

関心・意欲・態度のように

日頃の子どもの姿を見てすぐに評価した方がよいもの

と，技能や知識・理解，数学的な考え方のように

単元後に評価した方がよいもの

があります。評価の計画を考え，子どもに還る評価を目指しましょう。

(直海)

家庭学習

算数の宿題は子どもに応じつつ着実に

宿題は,
・子どもたちや学級の実態にあった宿題を出すこと
・継続して取り組ませること
の2点が大切です。

そのため,教師は
①宿題として適切な課題・内容か吟味すること
②宿題の評価を毎回必ず行うこと
③よい宿題ノートやプリントを紹介すること
の3つのことを行うとよいでしょう。

宿題をすることには,

 基礎学力の定着や家庭学習の習慣づくり

といった意味合いがあります。

そのため,宿題に出すときは,
・学習した内容であるか
・難易度は適切か
など,内容をよく吟味しましょう。

また,宿題に出す内容の一部を,授業の中で一斉に取り組ませてもよいでしょう。

ノートへの記入方法は適切か,理解が不十分な子どもはいないかなどを確認することができます。

理解がゆっくりな子には,

 問題を限定して取り組ませる

第2章　教師と子どもの算数力を高めるポイント

ことも一つの方法です。

　番号を指定したり，基本問題に取り組ませたりしましょう。もちろん，事前に保護者との連携，子どもとの意思疎通，支持的な学級風土などにおいては十分な配慮が必要です。

　また，宿題は評価を，

毎回必ずつける

ようにしましょう。

　ＡＡ，Ａ，Ｂ，Ｃなどの段階評価を，宿題の最後の行など決まった場所に書くとよいでしょう。

簡単な評価の方が子どももわかりやすく，教師も継続して取り組むことができます。

　宿題ができていなかったり，丸つけがきちんとできていない場合は，

子どもと一緒に教師が最後までやり直しにつきあう

ことも，時には大切です。

　さらに，よい宿題ノートやプリントは，学級全体で見合う時間を取ることも効果的です。

　見るポイントは，

・丁寧に仕上げている
・前回と今回の宿題の達成時間を比較している
・図や絵を使って解いている
・解き方を説明している

などです。

　友達のノートやプリントは大変よいお手本です。帰りの会などに，学級通信やテレビモニターに映して紹介するのもよいでしょう。

(有賀)

第３章

算数授業の
ワンポイント
アドバイス

「図形の指導のポイントは?」
「まとめはどのようにすればよいか。」
など,ちょっと聞きたいけど,なかなか聞けないような算数授業に関わる疑問やお困りについて考えてまとめたのが第3章です。

職場では若い先生が増え,聞きたくてもなかなか聞けないようなことがあります。

そこで,職員室をイメージしながら,
「図形の指導はこうするといいよ。」
とアドバイスをする感覚になるように工夫しました。

執筆者である私たちの中にも中堅や若い教師がいます。そこで,若い頃を思い出したり,今苦しんでいたりする悩みや課題をもとに,自分の授業での課題をどのように解決していけばよいか考えて執筆しま

した。

　キーワードはずばり「具体性」です。

　実際の授業をイメージしながら，具体的に，若い先生が聞いてみたいと思う算数の授業の悩みや不安に対するワンポイントアドバイスをまとめました。

　ぜひ，算数授業の具体的なアドバイスをもとに，実践につなげてほしいと思っています。

図形の指導では算数的活動を取り入れる

突然ですが、問題です。

【問題】次の形は三角形ですか？

答えは、いずれも三角形ではありません。（日常生活における「さんかく」とは区別します。）問題を見て、「あれ？　どうだったっけ？」と思った方がいたかもしれません。

それは、三角形の

「イメージ」と「定義」の不一致状態

だと言えます。

図形の指導では、

観察し構成する活動を通して、体験的に理解させること

が重要です。

図形の「定義」や「性質」について言葉だけで教えようとしてしまうと、子どもたちは先ほどのような不一致状態に陥ってしまうのです。先ほどの三角形の定義は、２年生で学習します。三角形の定義は、**「三本の直線でかこまれた形」**です。このことを理解させるために、

図形の仲間分けや作図といった活動

第3章　算数授業のワンポイントアドバイス

をさせながら，イメージと定義を一致させていくとよいでしょう。

「さんかくおむすび」や「さんかく屋根」といった

日常的にとらえている「さんかく」のイメージと算数の「三角形」の定義

の違いをきちんとおさえましょう。

再び問題です。

【問題】次の形は三角形ですか？

定義を学習した後でも，「あれ？」という気持ちが子どもたちの中に表れます。図は，すべて三角形です。傾きや，幅，中の色等は，三角形の概念からは切り離さなければなりません。

イメージと定義を一致させるためにも，こうした

「あれ？」の体験を，授業の中で意図的に仕組む

ことが必要です。

図形は視覚的に対象の特徴をとらえやすく，直観的に見通しをもって考察しやすい領域です。そこで，

図形を使って，自分の考えを説明させたり，確認させたりする

ことで，論理的に考える力を養うことができます。

作図はきれいな図形を描かせることが大切なのではなく，

図形の定義や性質を理解させる

ことが大切なのです。そうした，算数的活動を取り入れた授業づくりが，図形の指導では大切です。

(若林)

量の指導は長さの測定から
スタートする

「量と測定」領域で扱う量には，
長さ，面積，体積，時間，重さ，角の大きさ，速さ
などがあります。

量を指導するとき，何度も
「はかる」という体験をさせること
が大切です。

そのときのポイントは次の２つです。
①具体的な対象を測定する活動を入れること
②測定の４段階を意識して指導をすること

量の中で，初めて出会うのが「長さ」です。身の回りの具体物を使って，「長さ比べ」をする時間をたくさんつくりましょう。具体物を操作することは，他の量の測量にもつながっていきます。

「長さ」の測定が今後の量の指導の基礎になっている
のです。

量の大きさをはかる活動は，４つの段階を意識して行うことが大切です。

第１段階は，**「直接比較」**です。

長さをはかる活動では，鉛筆などの端をそろえて，直接比べる「直接比較」から始めましょう。

第２段階は，**「間接比較」**です。

机の縦と横の長さなど，ほかの物を用いないと測ることので

きない「間接比較」に取り組みましょう。

　紙に写して比べたり，テープを使って比べたりすることで，

 測り方の違いに気づかせること

が大切です。

　第3段階は， **「任意単位」** による比較です。

　基準にする物を1とする「任意単位」による測定を行います。

　子どもが共通してもっている名札などを任意単位とし，その任意単位がいくつあるのかで比べる活動のことです。

　この活動を通すことで，

 「cm」や「m」などの普遍単位の必要性に気づかせること

が大切です。

　第4段階は， **「普遍単位」** による比較です。

　普遍単位を使うことによって，

 いつ，どんなときでも大きさを表すことができるよさ

に気づくことができます。

　また，普遍単位を用いることで，

 量の和や差を求めることができるよさ

にも気づかせましょう。

　このように測定の4段階を意識して，

 「長さ」をはかる確かな測量の技能

をつけてあげたいものです。

(内田)

数量関係では「関数の考え」を育てる

数量関係領域の中では,
「関数の考え」を育てる
ことが大切にされています。

「関数の考え」とは,
数量や図形について,変化や対応のきまりに着目して問題を解決していく
ことです。つまり,「関数の考え」が育つと,
他の領域で学ぶ,数と計算,量と測定,図形の内容の考察
などに生かされます。

「関数の考え」を育てるために,まずは低学年から**「関数的な見方」**を意識させましょう。

例えば,1年生の「たし算」の単元の終わりに計算カードを使って学習をします。

①答えが5になるカードを集めてランダムに並べます。
②「1+4,2+3,3+2,4+1の順に並べたい!」というような,たされる数に注目した子どもの発言を大切にして整理をします。
③「左の数(たされる数)が1増えると,右の数(たす数)が1減るよ。」という見方を共有させます。

このように,「関数的な見方」を育てるためには,**変化の特徴や対応する数値をとらえさせる**ことが大切です。

第3章　算数授業のワンポイントアドバイス

４年生からは,「伴って変わる２つの数量」について学習します。２つの数量関係のきまりを発見する場面では,**「何かきまりがありそう。」**という知的好奇心をくすぐる提示をすることが大切です。

また,関数には**３つの表現の方法**があります。

①表　②式　③グラフ

これらに表現することによって,２つの数量の**関係のきまり**が見えてきます。

例えば,次のような問題があります。

下の図のように, １辺が１cmの正方形を, １だん, ２だん,……とならべて, 階だんの形をつくります。

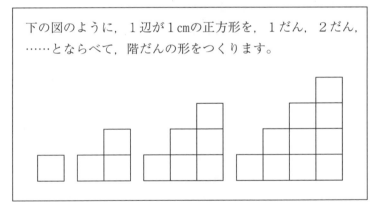

「段の数が20段になると, まわりの長さは何cmになるでしょう？」と問うことで, 子どもは段の数が１段ずつ増えていく様子を図で表すでしょう。すべて描くのは面倒だという気持ちから, **考えを表に整理していく必要性**が生まれます。その後, 式表現につなげていきます。

このように,表や式に表現をさせながら,きまりを見つけて考えるよさを実感させていきたいものです。

(坂口)

単位の指導は必要性を感じさせる場を仕組む

　単位の指導では，

単位の必要性を感じさせる活動

を取り入れましょう。

　3年生では，g（グラム）を学習します。

　単位の必要性を感じさせるのにおすすめの活動が，**消しゴムの重さランキングを決めよう**という活動です。一番重い消しゴムを見つけるものです。

---
①班やグループで2〜3個の消しゴムを用意させる。
②天秤ばかりを用意し，2つずつ比較させる。
③各グループの一番重い消しゴムを使い，クラス全体のランキングを決める。

　ここで大切にしたいのが，**「クラス全体のランキング決めは大変だよ。」** という反応です。

　直接比較の限界を感じ，子どもたちは

重さを「数値」で比較したい

と思うようになります。

　任意単位による比較によって「○○がいくつ分」と重さを数値化する，gという普遍単位で数値化する必要性を感じるようになります。

　4年生では，c㎡（平方センチメートル）を学習します。

　「広さ」でも，最初は比較する活動を取り入れましょう。

「広さ比べ」では,「陣取りゲーム」の導入が一般的ですが, 1つ問題点があります。

それは,

直接比較だけで問題解決できてしまうと,単位を用いる必要性が生まれない

ということです。

そのため,

・ひと目では比較・判断ができないようなものを用いる
・「誰が一番差をつけて勝ったのかな。」と発問する

など,

量を数値で表したくなる場面をどう設定するか

が大切です。

5年生では,cm³(立方センチメートル)を学習します。

2つの箱のかさを比較する活動では,**直接比較だけでは判断できない箱を用意する**ことが大切です。すると,別のもの(任意単位)で比べたいと考えるようになります。

ここでおすすめなのが,200mlの牛乳パックです。**牛乳パックというクラスオリジナル単位(任意単位)によって,かさを数値化すること**で能動的な活動が期待できます。

その後,普遍単位であるcm³などの単位を使う場面へとつなげていくとよいでしょう。算数的活動を取り入れて,単位の必要性を感じさせる授業を仕組んでいきましょう。

(盛)

グラフ指導はよさを味わわせることから　1～3年生

　グラフで表わすよさは,
数量の大小や変化の様子などを視覚的にとらえることができる
ところです。

　正しく整理するためには,
落ちや重なりがないように整理する
ことが大切です。

　4～6学年になると,グラフの特徴を理解した上で,
目的に合ったグラフを取捨選択し,グラフに表すこと
が求められます。

　そのためにも,1～3学年から
「グラフに表すとわかりやすい！」というよさ
を味わわせることが大切です。

　2年生では,**「かんたんなグラフ」** を学習します。

　まず,絵グラフというものを学習します。実際の絵を並べて表すものです。

　次に,実際の絵からタイルや○など抽象的なものに発展させていきます。

　どちらのグラフも比べやすいよう,**端（スタートの**

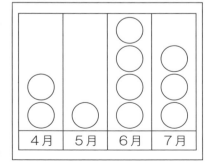

第3章　算数授業のワンポイントアドバイス

場所）をそろえることを徹底して指導しましょう。

　また，○の大きさもそろえさせましょう。

　3年生では，**「棒グラフ」**を学習します。2年生で学習した○を使ったグラフを，棒で表します。

棒グラフは，

一番多い項目や一番少ない項目がひと目でわかる

よさがあります。

　また，

何倍になっているのかを比較できる

よさもあります。

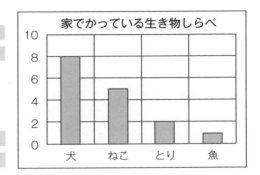

ここで意識するポイントは，

1目盛りの大きさ

です。

　1目盛りで，

1だけでなく，2や5などを表す

ことができます。

　また，絵グラフが分離量（ある単位以上に細かく分割できない最小単位が決まってくる量）だったのに対し，棒グラフでは連続量（細かく分割することが可能で，最小単位が決まっていない量）を表すことができます。

　1～3年生で学習するこれらのグラフを表し，読み取る力をつけていき，4～6年生でのグラフ学習につなげていきましょう。

(中西)

グラフの読み取りは変化や特徴をとらえさせる　4〜6年生

　グラフを読み取るときは，

資料の特徴や傾向をとらえること

が大切です。

　4年生では，折れ線グラフを学習します。折れ線グラフは，

時間の経過とともに変化する2つの数量

を表現したものです。

　折れ線グラフの指導で大事にしたいことは，

①変化の特徴をつかませる

②2つの数量の変化の特徴を読み取らせる

の2点です。

　変化の特徴をつかませるとは，

グラフを全体的に見て，大きな変化をつかませる

ということです。

　右のグラフの場合だと，1月から8月までは，気温が上がり，8月から12月は気温が下がるということがつかめなければなりません。

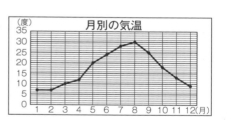

　また，2つの数量の変化の特徴を読み取るとは，

各部分の折れ線の傾きから数量の増減をとらえさせる

ということです。

例えば、このグラフの傾きが一番大きいところを探します。その部分の横軸を見ます。この場合、4月から5月です。次に、縦軸を見ます。4月は12度、5月は20度ということです。そこから、4月から5月の1か月間の時間の変化に伴って、気温は8度上がったという変化を読み取らせましょう。

5年生では、円グラフと帯グラフを学習します。

円グラフや帯グラフでは、

資料の全体に対する部分の割合と部分と部分との割合

を読み取ることが大切です。また、百分率についての理解を同時に深めていくようにしましょう。

6年生では、柱状グラフを学習します。

柱状グラフでは、

部分的な特徴から資料全体の特徴をつかむこと

が大切です。

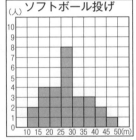

部分的な特徴としては、

度数の最も多い区間

を確認します。右のグラフからは、25〜30mが度数が最も多いことが読み取れます。

資料全体の特徴としては、

度数の最も多い区間とその他の関係

を対比させます。グラフから、「平均値である中央の階級が高く、両端にかけて低く広がっている。」と読み取れるでしょう。

このように、グラフの読み取りは、それぞれのグラフの特性を理解しつつ、変化や特徴をとらえさせることがポイントです。

(森谷)

筆算の指導は意味理解を大切に

　筆算は，たし算・ひき算・かけ算・わり算で用いられます。筆算を計算の仕方として機械的に行うだけのものととらえていませんか。

　筆算は意味を理解した上で使えるようになること
が大切です。

　4年生の小数の加法の筆算で，意味の理解が不十分だと，次のような間違いが起こります。

　これは筆算の意味理解をとばし，手続きのみ指導した結果といえるでしょう。筆算指導では，

		2	.	3	
+	1	.	2	5	
	1	.	4	8	

具体物操作とつなげて意味理解を深める
計算の仕方を理解した上で，形式的に処理をする
ことが大切です。

　例えば，2年生のたし算の筆算の学習場面では，次のような**具体的操作活動**を取り入れるようにします。
①28＋57の計算をする。まず，計算棒を図のように置かせる。

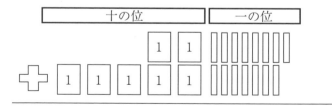

第3章　算数授業のワンポイントアドバイス

②線より下は計算棒がどのようになるのか考えさせ，棒を置かせる。
③計算棒を実際に動かし，28，57をイメージさせる。
④計算の結果を計算棒を用いて表す。
　その際，一の位に10のまとまりができたらどうするのか考えさせるようにしましょう。
　このように具体的に操作することで
位ごとに計算する筆算のイメージをもてるように
します。そして，最終的には
筆算を使って，素早く計算できるようになること
が大切です。
　筆算を行うときは
繰り上がり・繰り下がりの数字をきちんと書く
ことがポイントです。繰り上がりや繰り下がりを頭の中で計算してしまい，書かないことがしばしばあります。しかし，これも計算ミスの一つの要因になります。はじめのうちはきちんと書くよう指導しましょう。その際，次の位の上のようにどこに書くかを具体的に示すと子どもにとってわかりやすいです。

$$\begin{array}{r} 1 \\ 2\,8 \\ +\,5\,7 \\ \hline 8\,5 \end{array}$$

　筆算は，意味理解を大切にしましょう。そして**最終的には，意味を考えずに計算できる**ことを目指しましょう。

（永井）

ドリル学習は価値づけを意識する

　ドリル学習などの反復学習によって,
 学習したことを定着
させることができます。
　しかし,教師も子どもも**ドリル学習は大変だ**というマイナスイメージがないでしょうか。
　ドリル学習を行わせるときは,
①**子どもが見通しをもって取り組むこと**
②**教師が過程と成果を価値づけすること**
の２点を意識するとよいでしょう。
　子どもが見通しをもって取り組むには,
・解く問題を伝える
・解く時間を伝える
・教卓へもって来るタイミングを伝える
・すべて終わった後の行動を伝える
　この４つの指示を伝えることがポイントです。
　２年生のかけ算を,ドリル学習で練習する場合は以下のように板書します。

---

①２番までとく。
②２番までとけたら先生のところへならぶ。
③先生に OK をもらったら10番までとく。
④10番までとけたら丸つけをする。

⑤10番までの丸つけができたら先生のところへならぶ。
⑥先生にOKシールをもらったら九九カードでれんしゅうする。
※〇〇時になったら片づけをして先生の話を聞く。

そして、教師が価値づけすることを意識しましょう。
「前回よりも早く解くことができましたね。」
「一生懸命計算し直していますね。」
「見やすい字で書けていますね。」
など、取り組んだ過程を価値づけましょう。

そうすることで、

子どものやる気を引き出し、学習効果の向上

につながります。

価値づけるときは、

一人ひとりと目を合わせながら声をかける

ことが大切です。

こういった内的な動機づけに加え、

・**葉っぱやチョウがついた豪華な花丸**
・**シール**
・**前回との達成タイムの比較**

などの外的な動機づけを、学級の実態に合わせて導入するといい刺激になります。

このように、ドリル学習では、子どもが見通しをもって取り組める工夫をし、教師が成果と過程を価値づけることが大切です。ドリル学習のマイナスイメージを払拭し、子どもたちの意欲がわく学習へと変えていきましょう。

(有賀)

話し合い活動の目的と5つの指導ポイント

　話し合い活動をさせる目的
とは何でしょうか。
　それは,
子どもたちの考える力と表現する力を高めるため
だと考えています。
　これらの力を高めることにより,
・自分の考えのよい点に気づくことができる
・自分の考えの誤りに気づくことができる
・筋道を立てて考えを進めることができる
・よりよい考えをつくることができる
・お互いに学び合っていくことができる
ようになると考えます。
　話し合い活動では,
授業の中で小刻みに取り入れていくこと
がポイントです。
　そのときに留意すべきことが5つあります。
　1つ目は,
話し合い活動の目的意識を子どもたちにもたせておくこと
です。
　「今から何を話し合うのか」という目的意識をはっきりさせた上で話し合い活動をさせましょう。
　2つ目は,

第3章 算数授業のワンポイントアドバイス

話し合いの内容を教師が聴き取ること
です。
「どのペア（班）の話し合いを教室全体に紹介するべきか」と，**授業展開の作戦を練る**ために，子どもたちが話し合っている内容をしっかり聴き取りましょう。

3つ目は，

話し合いが終わった後の活動まで指示を出しておくこと
です。
例えば，「話し合いを繰り返す」のか，「各自ノートにまとめる」のか，「メンバーを変えて話し合いをする」のか，などの活動を指示しておきましょう。

4つ目は，

授業の中で話し合わせる場面を見誤らないこと
です。
話し合いをさせる場面は，「言いたい！」と多くの子どもたちが挙手をしている状態のときがよいでしょう。

5つ目は，

話し合う人数を教師が使い分けること
です。
2人ペアだと短時間で多くの子どもが話せます。しかし，理解度が高まっていない場合は話し合いが深まりません。
複数人グループだと理解度の高い子がいる確率が高まります。しかし，話し合いに時間がかかります。
話し合い活動は，目的をきちんと意識して授業に取り入れることが大切です。

(木下)

考えたことが「かける」ようになるためのステップ

　子どもたちは、授業中、様々な「かく」活動を行っています。

　文字をかく、図をかく、表をかく、グラフをかく、式をかく、などの「かく」です。

　ただ、目的意識がなくかいていては、あまり学習効果がありません。

　そのため、例えば計算領域では、

①**問題文の内容を図でかく**

②**式をかく**

③**考えたことを説明する文をかく**

の3つの「かく」を大切にしています。

　まずは、問題文の内容を

イメージして図に表す

ことがファーストステップです。

　テープ図やアレイ図、線分図、または**問題をイメージした絵図**でもよいでしょう。

　問題文の内容をしっかりと理解するための

図の「かき方」をしっかりと指導する

ことが大切です。

　図がかけない子どもへの支援として、

教師から提示したいくつかの図を選択させる

という手立ても効果的です。

　次に、

第3章　算数授業のワンポイントアドバイス

式をかく

ことがセカンドステップです。

　問題文をよく読み，図を参考にして式をかかせます。

　単純に，文中の数値を四則計算に当てはめても式はできます。

　しかし，計算の意味を理解せず，数値を当てはめるだけでは**ミスが多く**なります。ですから，式をかき，答えを求められた後，

その式を考えた過程を声に出して説明する時間をつくる

とよいでしょう。

　自分のかいた式を見直すのは，**もう一度考えを見直すよい機会**となります。式を見直す習慣を身につけさせましょう。

　そして，

考えたことを説明する文をかく

ことがサードステップです。

　先ほど，声に出して説明した自分の考えを

数字や記号，文によってノートにかきまとめる

と，**自分の考えが整理**されていきます。

　また，自分のノートに表現した言葉と友達の言葉を比べてみると新たな気づきが生まれるでしょう。

　この3つの指導のステップで，

図と式と言葉を関連づけられ

「かく力」が育まれていくことでしょう。

(内田)

「算数的活動」を通して主体的・思考活動のある学びをつくる

算数的活動については,

「算数的活動とは,児童が目的意識をもって主体的に取り組む算数にかかわりのある様々な活動を意味している。」

とあります。(平成20年度版『小学校学習指導要領解説　算数編』p.9参照)

つまり,子どもたちが

<u>目的意識をもって活動すること</u>

が大切です。

また,ここで意識することは,

<u>算数的活動は思考活動</u>

だということです。

作業的・体験的な活動は,**思考活動に向かうための過程**です。

単に具体物を使って作業的な活動をしているだけでは,算数的活動とは言えません。それらを用いて,算数について思考するように仕組むことが必要です。

では,子どもたちが**主体的に取り組む**には,どのような活動を算数の授業に取り入れればよいのでしょうか。

例えば,1年生では,「**具体物をまとめて数えたり等分したりし,それを整理して表す活動**」を取り入れるとよいでしょう。

1年生の「いくつといくつ」という単元では,数の合成・分解を学習します。ここでは,「**一つの数を合成や分解により構成的に見ることができるよう,活動を通して学んでいくように**

第3章 算数授業のワンポイントアドバイス

すること」をねらいとしています。

そこで，次のような活動をします。

> ①「じゃんけんゲームをしよう」「5回勝負です」と提示します。
> ②ペアでじゃんけんをさせ，5回戦のうち何回勝ち，何回負けたかを確認させます。
> ③勝った数は赤いおはじき，負けた数は黄色いおはじきで表します。
> ④教師は階段状にならないよう，意図して黒板におはじきを並べます。

違うに並べること

が，「**勝ちたい**」「**きれいに並べたい**」「**見やすく整理したい**」「**気づいたことを言いたい**」という心の動きを育みます。

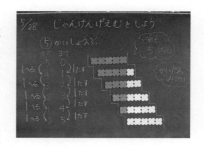

「やってみたい」という気持ちは，

数を構成的に見たり，順序立てて整理したりする素地

を育みます。

このように，算数的活動を通して，子どもたちが「〜したい」という主体的な活動を取り入れ，思考活動のある学びへとつなげていくことが大切です。

(坂口)

「算数的活動」で量感を豊かに育む

量感とは,
量に対する感覚
のことです。
　長さや重さ,広さ,かさの学習では,測定する活動を通して,
量感を豊かに養う
ことが大切です。
　量感が豊かになれば,長さや重さ,広さやかさの単元で,計器を使わなくても,
およその大きさをとらえる力
適切に単位を選んで処理したりする力
を身につけることができます。
　しかし,単に教科書を見て考えたり測ったりしていては,量感を高めることができません。
　そこで,おすすめの活動が,
「1mぴったりオリンピック」
です。(これは,筑波大学附属小学校の山本良和先生から学んだ実践です。)
　2年生の「長さをはかろう」の単元で,1mの単位(長さ)を学習した後に行います。

「1mぴったりオリンピック」
①紙テープを用意します。

第3章 算数授業のワンポイントアドバイス

②自分の感覚だけで1mを予想し、切ります。
③黒板に貼り付けます。
④それぞれの紙テープが何m（何cm）かを測ります。
⑤1mに一番近い人が金メダルです！

　この活動を通して、自分の中にある量感を再認識することができます。さらには、「自分が切った紙テープは、どれくらいの長さだろう。」と、自ずと測りたくなります。

　量感を高めるには、この

「どちらが金メダルだろう？」

と揺さぶられるような投げかけや、

「測ってみなければわからない！」

という必要感が大変重要です。

　プールの水の量や校舎の高さなど、周りを見渡せば量に関するものはたくさんあります。

　算数的活動を通して、量に対する好奇心を高め、豊かな量感を育みましょう。

(久保田)

かく活動が思考力を育む

思考力を育むには，
子ども自ら考える場面
をつくることが大切です。

考える力を育むために，
①算数的活動を通して考える（思考場面）
②問題の内容を順序立てて考える（思考の順序）
③絵や図，文字でわかりやすく整理して考える（思考の方法）
の3つの「考える」を意識させましょう。

そして，考える力を育む重要なツールは，ノートと黒板です。

まず，ノートに
考え方を絵や図で表現させる
方法です。

1年生のたし算の文章問題で次のような文があります。

> アヒルが　2わ　いました。
> あとから，3わ　きました。
> アヒルは，あわせて　なんわ　でしょうか。

この問題は，3文で構成されています。この3つの文の順番に，絵や図で描かせていくのです。
①アヒルが2羽いる絵を描く
②あとから，3羽きた絵を描く
③2羽のアヒルと3羽のアヒルを丸で囲む

④2＋3＝5と式を立てる

このように,

順序立てて，わかりやすくまとめていくこと

で，考える力は育まれていきます。

次に，黒板を使い，

考え方を音声や文字で表現させる

方法です。

自分が書いた式を説明する際は，式の数字が問題文のどこを表しているのか，**手で示しながら**説明させます。

問題の解決の仕方を順序立てて説明する

ことで，考える力が育まれていきます。

説明の中で，大切な言葉が出てきたときは，教師が

吹き出しを描き，その中に大切な言葉を書き留める

とよいでしょう。

思考過程を可視化することで，聞いている子どもたちの思考も整理されていきます。

もし，説明している途中で言葉につまったときは，

もう一度最初から説明させる

とよいでしょう。繰り返し説明することの中で，

自分の考えが整理

されていきます。

順序立てて考える力は，こういった活動を繰り返すことでより確かなものになっていきます。

(久保田)

表現力をアップさせて算数好きを育む

表現する手法には,
音声による表現と文字による表現
の2つがあります。
　音声による表現とは,音や声によって伝えることです。
　文字による表現とは,絵や図,文字,記号等によって伝えることです。
　元気よく発表したり,丁寧にノートをとったりするだけでは,表現する力はつきません。
　音声による表現力を育むには,
安心して自分の考えをつぶやける雰囲気づくり
が大切です。
　そこで大切にしたいことは,
①子どもたちのつぶやきをキャッチして価値づける
②友達と違った伝え方を価値づける
③相手意識をもった伝え方を価値づける
の3つの価値づけです。
　「○○さんが,とっても大切なことを言ったよ!」
　「○○さんは,友達と違った方法を考えたね!」
　「○○さんの言ったこと,わかる?」
　このような,価値づける言葉かけが大切です。
・つぶやきを共有し,価値づけること
・伝え方を意識して発表や説明活動を繰り返すこと

で，表現力は育まれていきます。

文字言語による表現力を育むには，

目的意識をもってかかせること

が大切です。

子どもたちは，本来かくことに必要性を感じていません。だからこそ，かくことへの必要性を感じさせることが大切です。

大切にしたいことは，

①絵や図に表すことのよさを感じさせる

②整理しながらかくことのよさを感じさせる

③相手意識をもってかくことのよさを感じさせる

の3つのよさです。

例えば，凸の面積の求め方は多様にあります。線を引いたり，色で識別したりすることにより，様々な求積方法をわかりやすく説明することができます。

1，3，5，7，9などの数配列は，表に整理して考えることにより2ずつ増えているとわかります。

また，

矢印や吹き出しを使って思考過程を表現すること

により，友達に自分の考えを説明する力も一段とアップします。相手意識は，表現する上で欠かせない要素です。

子どもたちの思考は，実に多面的であり，多様です。その思考は，表現の幅を広げてくれます。相手意識をもって，伝える必要性が生まれるような授業場面を仕組んでいきましょう。

（久保田）

教具を用いる低学年の言語活動

　低学年では，算数の教材を通して言語で表現する力（言語力）を育てるチャンスがたくさんあります。
　言語で表現するものには，文字言語や音声言語があります。
　低学年で表現活動を行うとき，よく用いるものが
　数字カードやブロック
などの教具です。
　問題提示の場面や立式する場面，考え方を共有する場面で使用すれば，**子どもの「言いたい！」**が自然と生まれます。
　しかし，数字カードやブロックを意図なく黒板に貼るだけでは，あまり意味がありません。「わかった！」や「言いたい！」が生まれる場面を考えることが大切です。
　数字カードやブロックは，
　自分の考えと友達の考えのズレが生まれる場面
で用いてこそ有効です。
　例えば，数字カードを使った授業です。

数字カードを用いた１年生の「ひき算」
①８cm×25cmの画用紙（八つ切画用紙1/4程度）を用意します。
②１から10までの数字を使い，答えが５になる式を考えさせます。
③続けて，答えが６になる式を考えさせます。
④答えが５になるカードと６になるカードをすべて挙げ，黒板

に掲示します。
⑤カードを見て，発見したことを交流し合います。(答えが4になるカードを加え，考えるヒントを増やしてもよいでしょう。)

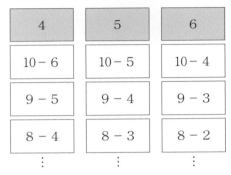

「あっ，ひかれる数は1ずつ減っているよ。」
「ひく数は1ずつ増えているよ。」
「答えの数字とカードの枚数をたすと10になるよ。」
⑥発見したことを子どもなりの言葉や矢印，数字を使って黒板に書き込ませていきます。
⑦子どもたちの考えを全体で共有させます。

　数字カードを使って発見的に考える場面を仕組むと，見つけたきまりを自ずと言いたくなるものです。
　また，数字カードを見て考えたことを
 矢印や数字を使って表現させること
が言語活動のポイントです。
　低学年では，説明活動を行う上で，数字カードのような教具が大変効果的に働きます。

(久保田)

図と表を用いる中学年の言語活動

　中学年では，かけ算やわり算，図形などの学習で言語活動を取り入れるチャンスがたくさんあります。

　中学年で言語活動を行うとき，よく用いるのが

　図と表

などのツールです。自力解決の場面や考え方を共有する場面で使います。

　しかし，図と表を意図なく黒板に掲示したり，ノートに書かせたりするのでは，あまり意味がありません。

　図＋表⇒式に表すとき，

　自分の考えを整理し，筋道立てて考える

活動を通して言語力が育まれていきます。

4年生の「□や△を使った式」

　正方形の形に並べたマッチ棒の数を数える問題です。

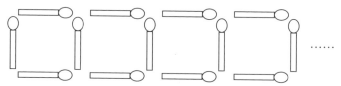

①上のような絵を提示し，ノートに描かせます。
②どのように並んでいるか，考えさせます。
　「正方形がいくつもならんでいるね。」
　「ココココって見えるよ。」

第3章 算数授業のワンポイントアドバイス

③線や矢印，数字などを使って自分の考えを図に書き込ませます。

「3ずつ増えていると思う。」

④数字の規則性に気づき始めたら確かめさせます。

「表を使っていくつずつ増えているか確かめたい！」

⑤表を使い，どのように増えるのかを矢印や数字を使って整理させます。

⑥式化し，式の意味を自分なりの言葉で説明させます。

A「僕は，1＋コ＋コ＋コ＋コと分けて考えました。マッチ棒の数を式に表すと，1＋3＋3＋3＋3となります。」

B「私は，4＋3＋3＋3と考えました。」

C「あっ！　どうやって考えたか説明できるよ！」
「ロ＋コ＋コ＋コと分けて考えたんじゃない？」

D「僕は，ロ＋ロ＋ロ＋ロ－|||と考えたよ。」

C「式が言えるよ！　4＋4＋4＋4－3でしょ！」

言語力をつけるとき，

 図や表としっかり向き合わせること

を意識しましょう。また，

 思考を整理し，立式につなげる過程を説明すること

で，言語力を育んでいきましょう。

(久保田)

考えメモを用いる
高学年の言語活動

　高学年では，様々な場面で

　言語活動を通して数学的に考える力を育てるチャンス

がたくさんあります。このときに有効なものが

　考えメモ

です。自力解決の場面や考え方を共有する場面で使用すれば，**子どもの「解けた！」**が自然と生まれます。しかし，やみくもに子どもの考えを黒板にメモしたり，ノートにメモさせたりしても，あまり意味がありません。考えメモは，

　書く場面とその意図

を教師が意識することが大切です。

　6年生の「拡大と縮図」

　次ページのような図の中から，Aと同じ形のテレビを考える問題です。

①同じ形についての考えを吹き出しの中にメモさせます。

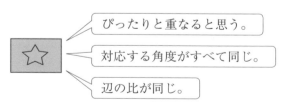

②テレビの形の要素（角度や辺の長さ）からわかったことをノートの吹き出しの中にメモ書きさせます。

第3章　算数授業のワンポイントアドバイス

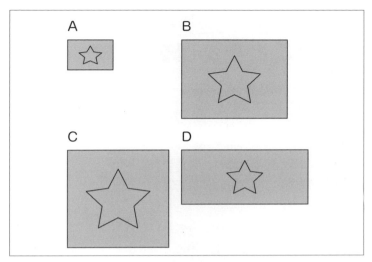

③考えを発表させ，問題解決につながるメモを板書します。
④黒板の考えメモや自分のノートの考えメモをもとにわかったことをさらに吹き出しに書かせていきます。
⑤同じ形のテレビを説明させます。

「Aは縦と横の長さの比が3：4だ！」「Bも3：4だよ。他の形の比は違うね。」「対応する角度や辺の比の値が同じとき，その形は同じと言えると思う。」

このように書き溜めた考えメモは，

問題解決のヒントや思考過程を説明するときの手立て

となります。また，これらの見通しを持つ過程を通して，

筋道を立てて考え，表現する能力

が育っていきます。たくさんの考えメモで，「解けた！」の花を咲かせましょう。

(久保田)

まとめ・振り返りの時間には 学んだことを整理する

　子どもは,
日々の授業で学ぶ達成感を感じたとき
に意欲が高まり成長します。
　学習したことを**振り返り，まとめることで**
自分が何を学んだか明らかにしていくこと
が大切です。
　授業が終盤になって，子どもの学びとは関係なしに教師がまとめようと焦ってしまう場面がよくあります。
　例えば，6年生「分数のかけ算」の授業で，「$\frac{4}{5} \times \frac{2}{3}$ **の計算の仕方を考えよう。**」という課題だったとします。
　子どもたちからは,
・**整数に直して計算する**
・**図を描いて考えてみる**
など，多様な考えが出るでしょう。
　しかし,
「分数のかけ算は分母同士，分子同士をかけたらよい。」
と教師が最後にまとめてしまったら，子どもが授業で考えたことが生かされません。
　もう1問計算をすることにより,
「やはり，分母同士，分子同士をかけたらよい。」
と子どもに気づかせ，まとめさせるのです。
　教師が教えたいことを無理にまとめるのではなく，**子どもの**

言葉で今日は何を学び，次に明らかにする課題は何かを振り返るようにするとよいでしょう。

そのためには，子どもが「大切だからまとめておきたい」と思える授業の工夫が大切です。

もちろん子どもたちがうまくまとめられない場合や，言葉が不十分なこともあります。まとめようとする意欲は評価し，**教師が付け加えたり，友達の表現を紹介したりして，子どもが自分でまとめる力をつけていくこと**を意識しましょう。

新しく出てきた用語，公式や定義，性質は教科書を正確に書き写しましょう。

子どもにまとめさせたい内容は，

・**今日わかったこと**
・**今日いいなと思った友達の考え**
・**今日の疑問**
・**今日習ったことがほかの場合も使えるか（今日習ったことをもう一度ほかの数値で試してみる）**
・**次に使ってみたい方法**
・**次への意欲**

などです。

まとめをすると，次の学習課題が見えてきます。

次に何を考えていくのか明らかにすることは，授業の終盤だけではなく，授業の中盤でも有効です。

本時の学習をまとめることで，理解できたことと理解できなかったことが整理されていきます。

(直海)

子どもの表現に自信をもたせる4つの指導

　私たち教師は,
「クラス全員に物怖じせず自分の気づきや考えを表現できる子どもになってもらいたい。」
と願っています。
　表現することで,
 気づきや考えが深まる
ことがあるからです。
　本来子どもたちは,
 自分の気づきや考えを表現したくてたまらない存在
です。
　しかし,なかなか自信がもてず,発表ができないものです。**自信をもって表現する子どもたちを育てる**には,指導のポイントが4つあると考えています。
　1つ目は,
 ペアトークで発表の練習をさせる
ことです。
　クラス全体では発表できないけれど,座ったまま**隣の友達とならば自分の気づきや考えを表現できる**子どもは多くいます。「隣の友達と発表の練習をしてみましょう」と投げかけると安心して意見交流を始めます。ペアで表現の練習をしているので,クラス全体で発表するハードルが少し下がります。
　2つ目は,

第3章　算数授業のワンポイントアドバイス

机間指導のときに声をかける

ことです。

　小グループの話し合いの内容やノートに書いているよい考えについて，

「とてもいい考え方だね。それをみんなにぜひ伝えてよ。」

「あなたの考え方で，みんなの勉強が深まると思うよ。」

と声をかけましょう。

　3つ目は，

"結果"だけでなく"過程"を認める

ことです。

　机間指導で，

「なぜこう考えたの？」

とたずねてみましょう。

　「だってね……」と，思考を整理しながら語り始めるでしょう。考えている途中まで（思考過程）の発表が，他の子への貴重なヒントとなります。

　4つ目は，

1人のときにほめる

ことです。

「さっきの発表よかったよ。みんなうなずいていた。ありがとう。」

とさり気なく伝えます。

　連絡帳でがんばりを保護者に伝える方法もよいでしょう。その子だけでなく，家族みんなが幸せになります。ますます意欲的に表現し始めるでしょう。

（木下）

算数が苦手な子への個別支援の方法

　どのクラスにも，算数を苦手とする子がいます。そのような子に休み時間や放課後に個別学習をさせることはないでしょうか。もし，本人が望まないのであれば，個別学習は効果的でないことが多いのです。

　なぜなら，算数が苦手な子は，

"学ぶ楽しさ"を見出せていない

からです。

　そのような子へ一番に行うこと，それは，

"学ぶ楽しさ"を感じさせ，心を開かせること

です。

　学ぶ楽しさとは，

①自ら学ぼうとする能動的な楽しさ

②できるようになる技能的な楽しさ

③考え方がわかる心理的な楽しさ

のことです。

　教師はできるようにしてあげたいと思い，子どもの能動性を無視して，個別指導をしてしまいがちです。しかし，何よりも大切なのは，「能動的な楽しさ」です。それが，学ぶ楽しさの土台だからです。

　また，個別指導を行う場合は，

指導方法をよく吟味すること

が大切です。

第3章　算数授業のワンポイントアドバイス

　個別指導では，子どもの

「できる楽しさ」と「わかる楽しさ」

が味わえるような指導となるよう意識しましょう。

　そのために，ドリル等の問題は

問題の質と量

を吟味し，できる・わかる楽しさを保証しましょう。

　指導方法については，

「いつ」「どこで」「だれと」行うと効果的か

を考えましょう。

　教室で担任が指導する以外にも，別教室で行う場合，担任以外の先生と行う場合など，その子に合う方法を見つけましょう。

　例えば，

「放課後10分勉強会」

として個別（少人数）指導を行うことも有効です。

　帰り際に「今日の宿題が少し不安な人は，残って1問目だけやって帰ろうよ。」と**全員を対象に声をかける**のがポイントです。苦手な子のプライドを守り，"宿題"と"1問だけ"という言葉で「ちょっといいかも」と思わせるのです。

　残ってほしいと思う子が残りそうになかったら，個別にそっと声をかけておきます。学ぶことから遠ざかってしまうことがないよう，

ねばり強く，温かく応援する気持ち

をもち続けましょう。

　「学ぶ楽しさは，生きる力につながる」と心得て，算数が苦手な子に接していきましょう。

(松井)

保護者に信頼される授業参観

　年に数回ある授業参観を通して保護者の信頼を得られるようにしたいものです。
　保護者は参観でどのような授業を期待しているのでしょうか。
　保護者は特別な授業だけでなく,
　普段の子どもの姿
が見たいものなのです。
　１年間でいろいろな教科を見てもらえるよう,
　１学期当初に年間の参観内容をある程度計画する
ようにしましょう。
　年度初めの参観は,
「読む」「聞く」「書く」「話す（個人の発表, ペアやグループでの発表を含む）」の活動を
テンポよく取り入れた授業構成にするとよいでしょう。
　「クラス１人１人に気を配り, しっかり見ていきます。」
というメッセージになります。
　１学期（２回目）の参観は,
課題について考え, 自分の考えをノートに書き, 発表する授業
をします。
　「１年間通して思考力や表現力を育てています。」
というメッセージです。
　また,

解答を間違ってしまった子どもに対する教師の反応やわからない子どもに対する姿勢

に保護者は注目しています。きちんとフォローし，気を配り，子どもを気遣う対応が大切です。

2学期の参観は，

子どもも保護者も「なるほど！」「面白い！」

と一緒に考え，発見できる課題にしましょう。

私が保護者として参観した印象深い授業があります。それは6年生算数「比の応用」の授業です。

始めに先生が黒板に大小様々な長方形を8枚貼っていきました。そして「この中に人間にとって最も美しいと言われている長方形があります。どれでしょうか？」と発問しました。そして「保護者の人も手を挙げてください。」と一つ一つ挙手させていきました。黄金比（1：1.6）の長方形だとわかっていても，どの長方形か見当がつかず結局外れてしまいました。また，黄金比は建造物や身近なデザインに使われているが，日本では白銀比（1：1.4）の方がよく使われている，というのも発見でした。算数ではこのような面白い発見ができる教材がたくさんあるのです。

3学期の授業参観は，

子どもの1年間の成長を見せる

1時間にしましょう。

難しい課題に対してあきらめずにいろいろな方法で挑む姿を見せたいものです。子どもたちで意見を出し合い，課題を解決し，達成感を味わうことができれば子ども個人だけでなくクラス全体の成長を感じることができるでしょう。

(直海)

第4章

算数授業の
多様な
学習方法

　算数の授業には，多様な学習方法があります。
　最後の章では，そんな多様な学習方法について私たちが学んできたことを振り返りながら紹介しています。

「算数でアクティブに学ぶにはどうすればよいかな。」
「算数の授業の特色を大切にしながら，どのように学習を展開していけばよいのだろう。」
「ゲームや遊びを取り入れた楽しい算数授業をやってみたいな。」
　そんな若い先生の声を大切にしながら書きまとめたのが第4章です。

　この章には算数授業の様々なアイデアや実践を載せています。
　「やってみたい！」と思えるようなピタッと自分に合う実践に出会えるとよいですね。
　また，本書だけではなくたくさんの授業を見て，たくさんの授業をして，どんどん先生の算数力を磨いてほしいと思っています。
　ぜひ，一緒にこれからの算数授業を考えていきましょう。

算数をアクティブに学ぶ

　一斉授業をしているとき，子どもの思考も姿勢も受け身になりがちなときはありませんか？　反復練習をしているとき，子どもたちは嫌々取り組んでいませんか？　そんなときは，
　アクティブに学ぶことができる活動
を取り入れましょう。

　その活動としては，
　グループ・ディスカッションやグループ・ワーク等のグループ学習，そしてペア説明やペア学習等
がよいでしょう。

　グループ学習やペア説明，ペア学習をすることで，
「わからないことを気軽に聞けたよ。」
「友達の説明がとてもわかりやすかったよ。」
「新しい考え方を発見したよ。」
など，アクティブに学ぶよさを子どもは感じることでしょう。

　そういった活動を繰り返し行うことで，
　子どもはアクティブに学ぶ
ようになります。

　ただし，取り入れるときには，
・教師が 目的意識 をもって取り入れること
・子どもたちが話し合いたくなるような 内容と場面 であること
に留意しましょう。

第4章　算数授業の多様な学習方法

では，授業の中でどのように取り入れるとよいのでしょうか。グループ学習の取り組みを一つ紹介します。

4年生の平面図形の面積の学習では，右図のような図形の面積を求めることがあります。この場面で，次のような**グループ学習**を取り入れるとよいでしょう。

①4人程度のグループをつくり，面積の求め方を考える。
②面積の求め方が1～2つ程度出たところで，別の4人程度のグループをつくる。
③最初のグループで出たそれぞれの考え方を共有する。そして，**新たな方法**を考える。
　「最初のグループでは，縦に2本線を引き，3つの長方形として考えたよ。」
　「誰も発見していない僕たちだけの方法を見つけたい！」
　「上に出ている部分を切って両サイドにもっていけば，細長い長方形になるんじゃないかな？」

④様々な面積の求め方を理解する。

これらの活動によって，

　能動的な態度と多様な考え方

が育まれていきます。

それだけでなく，**学習内容の理解**，そして**友達への理解**が共に深まっていくことでしょう。

（久保田）

目的意識をもった
算数クイズ&ゲーム

　授業の中で，クイズやゲームを行うと楽しく活動することができます。しかし，ただの遊びで終わらないよう，教師が目的意識をもって，取り入れることが重要です。
・**学習内容を定着させること**
・**数や計算，そして図形に親しみながら学ばせること**
・**関心・意欲を高めること**
などが目的として挙げられます。単元の導入時や活用場面で有効に取り入れてみましょう。

　例えば，1年生では，「繰り上がりなしのたし算」を学習します。そこで，

数字カードを使ったゲーム

を紹介します。

> ①2人組になり，それぞれが数字カード（1〜4を2枚ずつと5を1枚：1人あたり計9枚）を持つ。
> ②トランプのようにカードを切り，裏返しに積む。
> ③上から1枚，表を上に向けてそれぞれ出す。
> ④2人で，「せーの」と同時に2枚目をめくる。
> ⑤1枚目と2枚目の合計が大きい方が勝ち。引き続き第2回戦として，3枚目と4枚目で勝負する。

　このゲームの意図は，

楽しみながらたし算（繰り上がりなし）を行う

ことです。

3年生の「わり算」であれば，次のようになります。

①黒板掲示用に1～50の数字カードを用意する。
②教師は，あらかじめ「この数で割り切れる数のカードを当たりにする」と決めておく。（例えば，「3で割り切れる数は当たり」）
③トランプと同じように切り，代表の子どもに一枚引かせる。決めておいた数で割り切れるかどうかを教師は判断し，当たりとはずれに分ける。子どもたちには，当たりのカードは，何で割り切れるのかを考えさせる。

数字カードは最初にラミネートをして頑丈にしておくと，いろいろとアレンジして活用することができます。

5年生「公倍数」の学習を終えた場面で，体を使ったゲームでは，次のようになります。

①「2の倍数は拍手」「3の倍数は足を踏み鳴らす」と伝える。
②5人組で円になる。1人目から順番に「1」「2」「3」……とテンポよくコールしていく。

公倍数の「6」や「12」では拍手と足を踏み鳴らすことの両方をします。このように，テンポよくどこまで数を言うことができるかというゲームです。

算数ゲームやクイズで子どもの関心を高め，次の学習の意欲につなげていきましょう。

(中西)

ペア・グループ学習は個人の学びへつなげる

　ペア学習やグループ学習をどういった場面で取り入れていますか。教師の意図なくペア学習やグループ学習を取り入れてもあまり効果がありません。大切なのは,
　ペア学習やグループ学習での活動が,個人の学びにつながったかどうか
です。
　教師がペア学習やグループ学習を取り入れる意図をもって行うことが大切です。意識して取り入れたい場面は,
①課題を発見する場面
②課題を解決する場面
③習熟度を高める場面
の3つです。

　課題を発見する場面では,ペアやグループで
　ゲーム性を取り入れた活動
が有効です。
　そのゲーム結果から,「なぜそうなるの?」「きっと……。」とペアやグループで話し合いたくなるものです。
　そのような場面を仕組むことで,
　子ども自ら課題を発見しようとする態度
を育むことができます。
　課題を解決する場面では,

> **教師が話し合いの中身を十分検討して行わせる**

ことが大切です。

　例えば，6年生の対称な図形では，台形の形を検討する場面があります。「台形はどれでしょう。」という発問に対して，グループで話し合った場合，考え方のズレが生まれるでしょう。それぞれのイメージする台形は違うからです。グループで話し合わせるときは，

> **考えにズレが生まれるような課題を設定する**

ことで，個々の考えやイメージを広げたり深めたりすることができます。

　習熟度を高める場面では，

> **友達と問題を出し合う学習**

を行うのがよいでしょう。

　作問する時間の分，問題を解く時間は減ってしまいます。しかし，問題をつくることで，理解度が高まります。また，問題を解くことへの意欲も向上します。

　さらに，習熟度を高める場面では，ペアで

> **再現活動をおこなう**

ことが大変有効です。

　友達の考えや先生の話は聞いたつもりになっている子が意外と多いのです。

　「○○さんの言っていることわかる？　ペアで話してみよう。」とペアやグループで発言を再現させるのです。

　個人の学びにつながるペア・グループ学習を取り入れましょう。

（盛）

子どもの力を伸ばすテストの丸つけ&答え合わせ

テストの答え合わせをするときのポイントは，
間違った考えを正しく修正する力をつけること
です。

また，テストの返却は
できる限り早く採点し，返却すること
が大切です。

時間をおいて返却してしまうと，テストのときに考えた解答方法を忘れてしまうからです。そうなると，考え方を修正することができにくくなってしまいます。また，遅く返せば返すほど，単元内容の記憶や興味が薄れてしまいます。

テストの丸つけでは，
間違った箇所の式と答えに赤ペンで下線を引いてあげる
とよいでしょう。

例えば，下のような問題では，

$$\underline{24 - 4 \times 5} \div 2 = \underline{20 \times 5} \div 2$$
$$= 100 \div 2$$
$$= 50$$

と，下線を引きます。

式と答えを照らし合わせ，正しい途中式を空白のスペースに，書き込ませます。

$$24 - 4 \times 5 \div 2 = 20 \times 5 \div 2$$

（下線部 24－4 に吹き出し「24－20」）

$$= 100 \div 2$$
$$= 50$$

こうすることで，子ども自ら

間違った考えを正しく修正する意識

をもつようになります。

テスト返却後の答え合わせでは，
①間違いの多い問題に重点をおいて，全体で共有する
②自分で考えて，解答し直す
の流れで行います。

間違いが多い問題は，

黒板に書き，解答への道筋を順序立てて考える

ようにします。

そして，その解き方を

全員で共有する

ようにしましょう。

その際，

間違った答えは消さないで残しておく

ようにします。

考え直す際に，どこで間違ったのか原因がわからなくなるからです。

テストの間違い直しを教師も子どもも意識することで，考える力がしっかりと身についていきます。

（森谷）

話し合いが生きる
ミニホワイトボード

　算数の授業では，数学的な考え方を育成するために，

自力解決→集団解決→まとめ

という段階を踏むことがあります。

　このとき，自力解決と集団解決の間に，グループでの対話を取り入れることがあります。このグループ対話を深めるのに有効なのが，ミニホワイトボードです。

　ミニホワイトボード使用のメリットは，

①すぐに修正できるので，子どもがためらわずに書ける（マジックと画用紙では，消せない緊張感がある）

②試行錯誤する際に書き，発表時には提示しながら説明できる（考えながら書いていくので，時間短縮になる）

③黒板にそのまま貼ることができる（黒板上での移動が可能なので，比較・分類しやすい）

の３点です。

　４人ほどのグループでは，

・Ａ３大のホワイトボード１枚

・黒・赤・青のマーカーを１本ずつ

用意するとよいでしょう。

　マーカーは，

図や式の意味など大切だと思ったところを強調する

ときに使わせましょう。

　例えば，伴って変わる数量を表に整理するときは，

> **表の上段の数を黒，それに対応する下段の数を青，見つけた**
> **きまりを赤**

と色分けさせるとよいでしょう。

　大切なのは，

> **ミニホワイトボードを通して考えを再構築させること**

です。

　子どもたちはすぐに消せるという安心感から，ボードにいろいろな考え方を試していきます。図や表，式，グラフなどをかきながら，対話を通して算数的な考えを再構築させていくのです。

　ミニホワイトボードを使わせるときの鉄則は，

> **きれいに「かかせるな」「消させるな」**

です。

　正解だけを書かせようとしては，うまくいきません。

　また，グループの意見をひとつにまとめるようにしてもうまくいきません。あくまでも，

> **ボードは思考を動かすためのツール**

として使いましょう。

　教師がきれいに「かかせない」ことを意識しながら，「消させない」よう声かけしましょう。そして，

> **考えをつくり出していくこと**

を価値づけていきましょう。

　考えをつくり出す力は，子どもたちにぜひ身につけさせたい力です。数学的な考え方を育成するために，ミニホワイトボードを活用し，よりよい問題解決を目指しましょう。

(松井)

教具を使ったハンズオン・マス

　直接体験を重視しながら，自ら問いをもって追究していく一連の算数的活動
を**ハンズオン・マス**といいます。坪田耕三先生をはじめ，「ハンズオン・マス研究会」の先生方が提案をされている，
"見る"・"触る"・"感じる"
といった楽しい体験活動のある算数授業のことです。
　ハンズオン・マスのよさは次のようにまとめられます。

> 体験して忘れない
> イメージの伝達ができ，実際の確認ができる
> 創造的な力を身につけることができる
> 　　　　坪田耕三『算数楽しくハンズオン・マス』(教育出版)より一部抜粋

　ハンズオン・マスでよく使用される教具には，**ジオボード**や**パターンブロック**，**タングラム**などがあります。
　ジオボードとは，図形（ジオメトリー）をつくる板のことです。板に碁盤の目のように釘が打ってあり，そこに輪ゴムをひっかけて図形をつくるものです。子どもが，
頭でイメージした図形を簡単につくることができる教具
です。
　例えば，5年生では台形の面積の学習で，様々な台形の形を考えます。教師が提示した台形と同じ面積になる違った台形を考えさせるとき，とても有効です。

輪ゴムをひっかけたり外したりする活動を通して面積が同じになる理由を考える場面を仕組む
とよいでしょう。

パターンブロックとは，6種類の色のついた積み木のことです。すべての形の一辺は1cm，すべての角度が30度の倍数になっているので，つなぎ合わせて
様々な図形をつくることができる教具
です。(p.26参照)

例えば，2年生には「図形のしきつめ」という学習があります。パターンブロックを敷き詰めていく活動です。

様々な色や形のブロックを敷き詰める活動を通して，**模様のきれいさ，図形の形**など
形を視覚的にとらえる素地を育む
ことができます。

タングラムとは，正方形を右のような7枚の図形に切り分けたものです。画用紙や折り紙を切って製作することもできます。パターンブロックと同様に，
様々な図形をつくることができる教具
です。

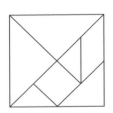

例えば，2年生で正方形，長方形，直角三角形を学習した後に「図形づくり」という活動ではタングラムが有効です。

ハンズオン・マスの教具は，このほかにおはじきや方眼用紙，サイコロ，ジャマイカ，電卓など，様々なものがあります。

子どもの実態や単元に合わせて，何の教具が適しているか考え，ハンズオン・マスを楽しみましょう。

(永井)

効果的なICT機器・タブレット端末の活用方法

ICT機器・タブレット端末には,

> ①見やすい。
> ②イメージをとらえやすい。
> ③共有しやすい。

の3つのよさがあります。

❶ 「見やすい」こと

　実物投影機やデジタルカメラを使って,教科書やノートを大きく提示すると見やすくなります。

　特に低学年に指示するときには,視覚的でとても有効です。

　実物投影機で提示し「この画面と同じページを開きましょう。」という指示はすぐに伝わります。実物投影機やデジタルカメラを使って,小さな図形を大きく提示することで見やすくすることができます。ICT機器を活用することで,

言葉では説明しにくいことも「見やすくすること」で視覚的に理解させること

ができるようになります。

❷ 「イメージをとらえやすい」こと

　デジタル教科書のアニメーションや動画,タブレット端末のアプリなどのコンテンツもICT活用です。特に,教科書の紙

面上では動かせないものを説明するときに有効です。

速さの学習をする際に，時間と距離の数値のかかれた図だけでは，子どもは速さをイメージしにくいものです。

しかし，時間に伴って距離が変化するアニメーションで説明するとイメージがとらえやすくなります。立体図形の展開していく様子や球の切り口なども，アニメーションで提示すると動きを伴って理解することができます。

紙面上では動かしにくいものも，アニメーションを活用し「イメージを捉えやすくすること」で理解させること
ができます。

③ 「共有しやすい」こと

子どものノートを実物投影機やデジタルカメラを使って提示すると簡単に全体で共有することができます。特に考え方の説明をするときに提示すると有効です。

例えば，三角形の面積の求め方をタブレット端末で書き込んで説明します。

タブレット端末では，補助線を簡単に書き込むことができます。もし間違えたとしても修正することもすぐにできます。図や式などを黒板にかく時間も短縮されるのもよい点です。

子どものノートをそのまま提示でき，説明が全体で「共有しやすくすること」で理解させること
ができます。

このように，ICT機器・タブレット端末を学習の補助教具と考えて，有効に使っていきましょう。

（内田）

おわりに

「37×12の計算をやってごらん。」
本書の中で紹介した実践です。
37×3＝111，37×6＝222……
これを知っている子どもたちは，楽しそうに筆算をして確かめます。「きっと444だろう。」と。
子どもたちが目を輝かせて筆算をしていたら，どうでしょう。
「面倒だ！」と，やらされていた筆算が。
「確かめたい！」と，自らやりたい筆算へと。
算数には，解く楽しさを味わえる魅力があるのです。
教師は，喜ぶ子どもの笑顔を見るチャンスがあるのです。
教師と子ども，子どもと子どもの気持ちをつなげてくれる，算数にはそんな魅力と可能性を感じます。
我々は，日々子どもたちと向き合います。笑顔で教室に入る日もあれば，疲れて気が重い日もあるでしょう。
しかし，毎日必ず1時間はある算数の授業を，期待して待っている子どもたちが教室にはいます。
私は，そんな子どもたちに算数の魅力を感じてもらえる45分にしたいと願うのです。
日々多くの現場で授業づくりに格闘している先生がおられます。私を含め算数の授業の進め方に不安を感じ，悩んでいらっしゃる方もいるかもしれません。

おわりに

　だからこそ，算数を知りましょう。
　その魅力，その可能性を。
　そして，学びましょう。
　計算をする楽しさを。
　きまりを発見する面白さを。
　そして，味わいましょう。
　わからないことがわかる楽しさを。
　教室にいる，子どもたちと一緒に。
　ちょっとしたポイントを知ることで，楽しい算数が多くの教室で広がっていくことを願っています。
　そして，
「算数は，好きですか。」
と聞かれて，
「はい，とっても！」
と言える先生が一人でも増えることを願っています。
　最後になりましたが，本書を出版するにあたってたくさんの方々のご協力を賜りました。執筆に関わってくださった赤川峰大先生，有賀慎平先生，内田英樹先生，木下幸夫先生，坂口洋一郎先生，直海知子先生，永井伸行先生，長瀬拓也先生，中西徳久先生，樋口万太郎先生，松井恵子先生，盛佑輔先生，森谷明夫先生，若林耕平先生に心から感謝いたします。また，イラストレーターのイクタケマコトさん，編集の林　知里さんに心から感謝申し上げます。

執筆者代表　　久保田　健祐

参考文献

『小学校学習指導要領解説　算数編』東洋館出版社，平成20年

日本数学教育学会編著『算数教育指導用語辞典［第四版］』教育出版，平成21年

坪田耕三『算数楽しくハンズオン・マス』教育出版

田中博史・盛山隆雄編著『ほめて育てる算数言葉』文渓堂

夏坂哲志『パターンブロックで「わかる」「楽しい」算数の授業　上学年』東洋館出版社

山本良和『アッ！エッ？へー！子どもの感動詞を活かした授業構成』学事出版

盛山隆雄『子どものココロに問いかける帰納・演繹・類推の考え方「数学的な考え方」を育てる授業』東洋館出版社

筑波大学附属小学校・算数科教育研究部『これだけは教えたい　基礎・基本　算数科』図書文化

基幹学力研究会（編）尾崎正彦（著）『基幹学力シリーズ11　"考える算数"のノート指導―ドリルの「数学的な考え方」に算数的活動をプラスする―』明治図書

伊藤説朗・杉山吉茂『新・算数指導実例講座10』金子書房

【執筆者紹介】
〈編集代表・執筆者〉
久保田　健祐（くぼた　けんすけ）

〈執筆者〉
赤川　峰大（あかがわ　みねひろ）
兵庫県神戸市生まれ。広島県公立小学校教諭，神戸大学附属住吉小学校を経て，現在，神戸大学附属小学校教諭。算数科を中心に研究している。教員サークル「わっしょい！」所属。

有賀　慎平（ありが　しんぺい）
兵庫県川西市生まれ。兵庫県西宮市公立小学校教諭。教員サークル「わっしょい！」所属。

内田　英樹（うちだ　ひでき）
兵庫県西宮市生まれ。兵庫県西宮市公立小学校勤務。ICT活用と算数科を中心に研究している。関西算数授業研究会幹事。教員サークル「わっしょい！」所属。

木下　幸夫（きのした　ゆきお）
兵庫県西宮市生まれ。西宮市公立小学校教諭を経て，現在，関西学院初等部教諭。日本授業UD学会関西支部で学んでいる。全国算数授業研究会幹事。共著多数。教員サークル「わっしょい！」所属。

坂口　洋一郎（さかぐち　よういちろう）
大阪府大阪市生まれ。兵庫県西宮市公立小学校教諭。教員サークル「わっしょい！」所属。

直海　知子（なおみ　ともこ）
大阪府吹田市生まれ。大阪府豊中市公立小学校教諭。全国算数授業研究会幹事。

永井　伸行（ながい　のぶゆき）
鳥取県境港市生まれ。兵庫県公立小学校教諭。算数科・社会科を中心に研究している。教員サークル「わっしょい！」所属。

長瀬　拓也（ながせ　たくや）
岐阜県生まれ。岐阜県公立小学校を経て，現在，同志社小学校教諭。

中西　徳久（なかにし　のりひさ）
兵庫県西宮市生まれ。兵庫県西宮市公立小学校教諭。教員サークル「わっしょい！」所属。理科サークル「楽だの会」所属。

樋口　万太郎（ひぐち　まんたろう）
大阪府豊中市生まれ。大阪府豊中市公立小学校勤務。「子どもが楽しむ，教師も楽しむ」をモットーに算数科を中心に研究している。全国算数授業研究会幹事，関西算数授業研究会役員。編著に『THE　算数・数学科授業開きネタ集』（明治図書）。

松井　恵子（まつい　けいこ）
兵庫県加古川市生まれ。兵庫県播磨町公立小学校教諭。兵庫県授業改善促進のためのDVD授業において算数科の授業を担当。

盛　佑輔（もり　ゆうすけ）
兵庫県尼崎市生まれ。兵庫県西宮市公立小学校教諭。教員サークル「わっしょい！」所属。

森谷　明夫（もりたに　あきお）
大阪府門真市生まれ。大阪府門真市公立小学校教諭。教員サークル「わっしょい！」所属。

若林　耕平（わかばやし　こうへい）
和歌山県和歌山市生まれ。兵庫県西宮市公立小学校教諭。算数，国語を中心として様々な研究会で活動を行っている。教員サークル「わっしょい！」所属。

【編著者紹介】

久保田　健祐（くぼた　けんすけ）

1979年兵庫県宝塚市生まれ。兵庫県西宮市公立小学校教諭。全国算数授業研究会 幹事，理数大好きセミナー 世話人，教員サークル「わっしょい！」代表等，算数を中心として様々な研究会で活動を行っている。
『ゼロから学べる仕事術』『THE 算数・数学科授業開きネタ集』（明治図書）『ほめて育てる算数言葉』（文渓堂）『パターンブロックで「わかる」「楽しい」算数の授業　上学年』『思考力・表現力を評価する算数テスト集「B問題に強くなる」』（東洋館出版社）など共著多数。

【イラスト】 イクタケマコト

1976年福岡県宮若市生まれ。教師生活を経て，2006年からイラストレーターとして活動。教師経験を活かし，教科書や教育書などのイラストを多く手掛ける。著書に『カンタンかわいい小学校テンプレート＆イラスト』（学陽書房），『中学・高校イラストカット集1200』（学事出版），主夫の日々を描いた『主夫3年生』（彩図社）ほか。

ゼロから学べる小学校算数科授業づくり

2016年4月初版第1刷刊	©編著者　久保田　健祐
2017年6月初版第2刷刊	発行者　藤原　光政
	発行所　明治図書出版株式会社
	http://www.meijitosho.co.jp
	（企画）林　知里（校正）山田理恵子
	〒114-0023　東京都北区滝野川7-46-1
	振替00160-5-151318　電話03(5907)6703
	ご注文窓口　電話03(5907)6668
＊検印省略	組版所　株式会社アイデスク

本書の無断コピーは，著作権・出版権にふれます。ご注意ください。

Printed in Japan　ISBN978-4-18-210128-1
もれなくクーポンがもらえる！読者アンケートはこちらから →

大好評！ゼロから学べるシリーズ

ゼロから学べる学級経営
―若い教師のためのクラスづくり入門―

四六判・168頁・本体1,660円＋税【1193】　　　**長瀬拓也 著**

授業をする力と同じくらい大切な学級経営の力。教師はそれをどのように学んだらよいのか、どうクラスを成長させていけばよいのか、ゴール・ルール・システム・リレーション・カルチャーという5つの視点（SRRC＝Gモデル）から紐解く、クラスづくりの指南書。

ゼロから学べる授業づくり
―若い教師のための授業デザイン入門―

四六判・168頁・本体1,660円＋税【1593】　　　**長瀬拓也 著**

ゼロから授業を見つめ直すこと・新しい学び方を取り入れていくこと・先行実践を大切にすること―ゼロベースから授業を学ぶことが授業づくりの柱となる！授業づくりの「方法」から「学び方」「高め方」まで、よりよい授業者になるためのヒントがぎゅっと詰まった一冊。

ゼロから学べる生徒指導
―若い教師のための子ども理解入門―

四六判・176頁・本体1,700円＋税【1769】　　　**長瀬拓也 編著**

力で押さえつける生徒指導から脱却しよう！トラブルが起きる前の予防的生徒指導＆よりよい解決を導くための対応型生徒指導を事例をもとに易しく解説。「指導」とは何か、ゼロから見つめ直すことで、誰もができる効果的な生徒指導について提案します。

ゼロから学べる仕事術
―若い教師のための働き方入門―

四六判・168頁・本体1,700円＋税【1770】　　　**長瀬拓也 編著**

若い先生こそ仕事の進め方は意識的に！特に、繁忙期である4月の仕事の仕方、苦しい時の乗り越え方・楽しく仕事をする方法など、知っておけば必ず差がつくコツやアイデアを多数収録。教師の本分である授業を充実させるために、取り入れてほしい工夫が満載です。

明治図書　　携帯・スマートフォンからは **明治図書ONLINEへ**　書籍の検索、注文ができます。▶▶▶

http://www.meijitosho.co.jp　＊併記4桁の図書番号（英数字）でHP、携帯での検索・注文が簡単に行えます。
〒114－0023　東京都北区滝野川7－46－1　ご注文窓口　TEL 03－5907－6663　FAX 050－3156－2790

＊価格は全て本体価表示です。